日本異人伝

アッと驚く武将の秘密

本郷和人
東京大学史料編纂所教授

テーミス

はじめに

ぼくは子どもの頃、からだが弱かった。小児喘息で二度ほど死にかけた、と聞いています。ヒューヒュー、と息をするだけで苦しかった記憶があります。それと、ぐったりとしたぼくを懸命に助けようとしてくれた母。いつものやさしい表情ではなかったのに、思い詰めたような厳しい母の顔には、ひたすらな愛がありました。もしかするとそれは後付けの合成映像なのかもしれませんが、鮮明に覚えているのです。

そんなぼくですので、野口英世の話を読むのが大のお気に入りになりました。猪苗代湖のほとりで営まれる清作少年と働き者の母シカの、貧しくもおだやかな日々。他人の追随を許さぬ刻苦勉励を通じ、細菌学者として世界に羽ばたいていく清作改め英世。人類の病を克服するために奮闘し、やがてはその病に倒れる――。彼の墓碑には「科学への献身を通じ、人類のために生き、人類のために死せり」とあります。英世のように生きたい、とぼくは真剣に願ったものでした。

英世への憧れと共に、ぼくは「偉人伝」を読むのが大好きになりました。本を開けば感動がある。人間って、こんなにがんばれるんだ。こんなに大きな仕事ができるんだ。熱がひかぬために布団の中でじっとしていながら、この病気（喘息）が治ったらぼくだって、と夢を膨らませていたのです。

ぼくが歴史を本格的に学んでみようと思ったのは、子どもの頃の「偉人伝」の影響です。歴史学の論文を構想することと、偉人の足跡の探求とは、実はかなり異なる行為であったために、ぼくは大学でかなり苦労することにはなるのですが、またそれは別の話。研究者として年月を重ねたある日に、編集者の水田克治さんから「何か書いてみないか」とお誘いを受けたとき、ぼくは自然に「歴史上の人物をまとめたい」と申し出ていました。

歴史上の人物を描写する。このとき、彼は何年に何をやり、何年にこれをした、というふうに、ただ年表を文章に起こすようなことはしたくない。それは「知りたい」という欲求を持った人ならば、誰でもができる行為だからです。怠惰なあなたに代わって私がそれをまとめましょう式な、ＡＩでも書けそうな読み物はネットに散見されるし、またそれが人気を博しているらしいのでがっかりしますが、でもぼくが書きたい人物伝はそうじゃない。歴史研究者だからこそ、というものをまとめたい。

それはまず、①新しいコンセプトを提示するものでありたい。たとえば、豊臣秀吉とデスクワークです。槍働きが至高、とされていた戦国末期、秀吉はデスクワークを重視した。大軍を動かすには政治・経済・外交の能力が必要で、個人の槍働きとは関係ない。ですからデスクワークに長けた人物を大軍の長にするという秀吉の考え方こそが正しいのですが、あの時代には特殊でした。その様子をたとえば加藤清正の事例で見ていきます。

では槍働きは無意味か、というとそうでもない。徳川家康はこれと見込んだ者に槍働きをさせて、その中から政治・経済ができそうな者を選抜してより多くの兵を預けた。ぼくはこのかたちでの昇進を「武辺から武将へ」と名づけたわけですが、その実例を榊原康政に見たい。

②人物を新しい解釈で理解したい。小早川秀秋というと、関ヶ原での裏切りです。でも彼の人生を追っていくと、秀秋は豊臣家への恩を感じる立場にない。秀頼の誕生により、秀吉から迫害を受けたからです。このときに救ってくれたのは徳川家康でしたから、彼が家康シンパであることは皆が知っていた。だとすると、関ヶ原での軍事行動はどう見えてくるのか。

大友軍の猛将、高橋紹運といえば、立花宗茂の実父であり、岩屋城での玉砕で有名です。なぜ彼は岩屋城で、島津の優勢な軍勢に抗して全滅したか。調べてみると、このときに実子の立花宗茂が立花山城に立て籠もっていた。また、豊臣秀吉指揮下の軍勢が援軍に来ようとしていた。ならば紹運は、自らが捨て石になることによって時間を稼ぎ、息子の生存確率を上げようと考えたのではないか。

立花宗茂は戦国きっての名将として知られます。彼が名将たる所以はどこに求められるか。朝鮮半島での戦いを検証すると、立花軍は異様に中堅将校の戦死率が高い。中堅将校が我が身を敵にさらして、先陣を切って突撃するのです。これはなぜか。ぼくは主君・宗茂との絆こそが答えではないか、と考えた。これが、名将とは結局は人柄である、という結論に結びつきます。

①や②がうまくいかない場合。これは③その人の心情を丁寧にすくいとるしかない。立花宗茂とコンビを組んだ小早川秀包という武将がいる。彼は有名ではありませんが、みごとな武将です。そして実に運が悪い。戦国の世も現代も、人間の感情にそう差はないはず。とすると、この人の思いとは……。

こうして、この本はまとめられました。その名も「偉人伝」ならぬ「異人伝」。普通の偉人伝の一歩先があるはずです。どうぞページをめくってみて下さい。

本郷和人

二〇二四年九月

日本異人伝 アッと驚く武将の秘密【目次】

第2章　「女性の鑑」満天姫を知っていますか――61

第3章　戦国三英傑の才能を比べてみよう――105

第4章　加藤清正は経済活動に長けていた

第5章　石田三成は「清濁併せ呑む」ができなかった

装丁デザイン――八木千香子

第1章

かつて楠木正成は国民的英雄だった

楠木正成《くすのきまさしげ》　切り捨てられたスーパースター

幕末から戦前にかけての国民的英雄はマルクス主義に基づく「唯物史観」で急転したが

生き方に政府首脳が共感して

いま人気のある歴史上の人物といえば、司馬遼太郎が『竜馬がゆく』『国盗り物語』で取り上げた坂本竜馬、織田信長でしょう。少し前の昭和ではどうかというと、吉川英治や山岡荘八が重厚な物語の主人公に据えた宮本武蔵、徳川家康のファンが多かった。思い切って江戸時代まで遡ってみると、曾我兄弟の仇討ちで有名な曾我五郎が庶民に好まれていました。歌舞伎の『助六』の男伊達・助六は実は曾我五郎が身をやつした姿です。

では、幕末から戦前にかけての国民的英雄はだれかといえば、これは間違いなく楠木正成でした。

幕末の尊皇の志士はみな、「われ、楠木正成たらん」と夢みた。明治維新を迎えたときに、明治天皇が北朝の子孫であるのは明々白々であるにもかかわらず、政府は南朝こそ正統であるとしました。これには水戸学の影響など様々な原因がありますが、政府の首脳部が正成の生き方に共感を覚えていたのも主要な原因の一つに違いないでしょう。

列強に追いつけ、追い越せと国が開かれると、西欧の科学が怒濤のように押し寄せ、古くからの日本の学問を呑み込んでいきました。

日本史学の場合は、それは重野安繹《やすつぐ》と川田剛の論争となって現れます。もともとが漢学者であった重野は、西欧の歴史学が重視する「実証性」にとことんこだわりました。たとえば『太平記』が語る児島高徳のエピソード（隠岐に流される後醍醐天皇を児島が慰め、励ましたとする説話）は、より史料的価値の高い貴族の日記や古文書では裏付けが取れないから、史実と認定するのは難しいとしました（こうした研究姿勢を取るので、重野は〝抹殺博士〟とあだ名されています）。

これに対して川田は、ウラが取れぬことを理由に、同じく『太平記』が語る楠木父子の桜井の駅の別れを否定してしまっては、日本人の精神は滅びてしまう、と警告します。論争は重野の勝利に終わり、彼は初めての人文科学の博士となった。川田は歴史編纂の第一線から退きました。

物語を歴史学に取り込む流れ

この意味では、楠木正成の学問的な評価は一時は低下したと見るべきでしょう。だが彼を慕う政治家、経済人、知識人が多くいたことに加え、明治の末期からは、いわゆる「皇国史観」が盛んになる。この歴史の見方は、天皇の栄光を軸とするものとして知られますが、もう一つ大きな特徴を有する。「物語」を歴史学に取り入れたのです。

そのもっとも代表的なものは日本神話であり、これを「信じる」ことから、歴史の学習は始まるとしました。分析する、証明する、というアプローチではなく、信じる。古い時代を扱う日本神話には、当然のことながら確固たる裏付けはありません。だが『古事記』や『日本書紀』を疑ったところで、生産的な成果は望めない、これを真実の歴史として受け止めることにより、私たちは本当の日本人として生きていくことができるのだ、と説きました。

代表的な論者は東京帝国大学教授であった平泉澄《きよし》ですが、平泉は川田の主張を復活させたとも解釈することができる。この「皇国史観」のもとで、楠木正成は、名実ともに、日本史上第一のスーパースターとして君臨することになりました。

ところが太平洋戦争に敗北すると、事態は急転する。教科書に墨が塗られ、「皇国史観」は否定されます。マルクス主義に基づく「唯物史観」が盛んになった。この考え方においては、物語は科学ではないと否定され、特定の人物の賛美は切り捨てられたのです。その代表が楠木正成であった。彼への敬慕はなくなっただけではなく、学問的に彼が取り上げられること自体が極端に少なくなったのです。この前提に立って、最近の正成研究のありようを紹介してみましょう。

そもそも楠木正成とは何ものか。『太平記』は、楠木正成は河内国、金剛山の西、大阪府南河内郡千早赤阪村に居館を構えていたと説明します。また、楠木氏は橘諸兄の後裔（すなわち、橘氏である）と書かれている。『観世系図』には、能楽の創始者である観阿弥の母は河内玉櫛荘の橘正遠（正成の父・楠木正遠）の娘、すなわち正成の姉妹とあり、この玉櫛荘を正成の出身地とする推定もあるのです。

先祖は北条本家の家来だった

では、楠木という家はずっと河内で生活していたのかというと、元来は駿河国の出身だろう、と考える研究者が多い。その一人である筧雅博さん（フェリス女学院大学教授。私の2学年先輩でたいへんに優秀な研究者）は、以下の指摘をしています。

1. 楠木正成の地元である河内の金剛山西麓から観心寺荘一帯に「楠木」という字《あざ》はない。

2. 鎌倉幕府が正応6（1293）年7月に駿河国の荘園である入江荘のうち、長崎郷の一部と楠木村を鶴岡八幡宮に寄進したという記録があり、楠木村には北条本家の家来だった楠木氏が居住していたと想定できる。

3. 観心寺荘の地頭だったのは安達氏であるが、幕府の一方の旗頭だったこの家は、弘安8（1285）年に入江荘と深い関係にある長崎氏に滅ぼされた（霜月騒動という大事件）。長崎氏は北条本家の第一の家来でもあったので、観心寺荘は北条本家の領地に組み込まれたと考えられる。それゆえ出自が長崎氏と同郷の楠木氏が観心寺荘に移ったのではないか。

4. 楠木正成を攻める鎌倉幕府の大軍が京都に集まった元弘3（1333）年閏2月、公家の二条道平は日記（『後光明照院関白記』）に「くすの木のねはかまくらに成ものを枝をきりにと何の出るらん」という落首を記録している。「楠木氏の出身は鎌倉（東国の北条本家）にあるのに、枝（正成）を切りにのこのこやってきたものよ」と河内へ出発する幕府軍を嘲笑したものとされる。

なるほど、説得力に富む指摘です。駿河は北条時政（駿河の守護を務めていた）以来、北条氏とは縁の深い土地柄です。楠木正成の4代くらい前の先祖は、駿河国に所領をもつ幕府の御家人であり、北条本家の家来でもあったと考えるのが妥当でしょう。

「籠城戦」という概念を創造した男

正成の戦いは関東武士の心胆を寒からしめ ついには鎌倉幕府の滅亡を招来させた

紀伊国の御家人湯浅氏を討つ

楠木正成の生誕の年は、明らかではありません。一般に楠木氏は橘（源・平・藤原・小槻・菅原などの「姓」の一つ）の血脈との認識がありますが、これにも確実な証拠はない。父の名は正遠というらしい。母は、橘遠保の末裔橘盛仲の娘。

また先に紹介したように、『観世系図』によれば、能楽の大成者である観阿弥清次の母は河内玉櫛荘の橘正遠の娘、すなわち正成の姉妹であるといい、この玉櫛荘を正成の出身地とする解釈もある。それから『太平記』には、楠木正成は河内金剛山の西、大阪府南河内郡千早赤阪村に居館を構えていたとある。ともかく河内国を本拠として、活動する武士であったこと。これは間違いがないようです。

後醍醐天皇と出会う以前の正成の動静は、新井孝重先生の研究によって、かなり明らかにされています。挙げていくと、元亨2年（1322年）、正成は得宗（北条本家の主のこと）・北条高時の命令により、摂津国の渡辺党を討ち、ついで紀伊国安田庄の湯浅氏を討ち、南大和の越智氏を撃破しています。

この一連の戦いは、高野山の歴史を記した『高野春秋編年輯録』に記載されている。同書は高野山内と周辺部のことをテーマにしていて、社会全般の事件については詳述しませんが、記事の精度は高い。信頼して良いでしょう。この中で注目すべきは、湯浅一族に手痛い打撃を与えていることです。渡辺党も越智氏も伝統ある武士団だが、とくに当時の湯浅氏は強力でした。紀伊国有数（紀伊国随一、といっても過言ではない）の有力御家人であり、西の幕府ともいえる六波羅探題に出仕して勢威を誇っていました。

鎌倉前期の高僧、高山寺の明恵上人はこの一族の出身であり、味噌と醤油が生まれたのも鎌倉時代中期の湯浅であったといいます（湯浅に近い由良を拠点とする中国帰りの禅僧、無本覚心が製法を伝えた）。

後醍醐天皇の討幕に参加し

一族の長ではないにせよ、この湯浅氏の一人を討ち取るのですから、正成は少なからぬ兵を養っていて、もちろんいくさ上手だったことが分かります。彼はこの勝利により、「耳を切り鼻を削ぎ」の裁判で高校教科書にも載る阿弖河荘《あてがわのしょう》（得宗の領地）を与えられています。このあと、正成は、後醍醐天皇の倒幕活動に参加する。天皇に正成を紹介したのは、真言僧の文観とされています。このお坊さんは現代では傑物と評価されているようですが、高い地位に昇るには高貴な出自が必須であった当時の中央仏教界（天台・真言による）では、きわめて例外的な存在であったといえるでしょう。

権力者が超常的な力を有する（あるいは、そう称する）宗教者に帰依する例は古今東西に見られますが、文観も法力によって注目され、後醍醐天皇の信任を獲得した僧侶でした。彼は醍醐寺の報恩院に属していて、その所領だった河内国若松荘は正成の勢力の及ぶ土地でもありました。この辺りから、正成、文観、天皇の関係が生まれたのでしょうか。

『太平記』の3巻によると、倒幕の兵を挙げた後醍醐天皇は笠置山に行在所を設けましたが、味方する武士の不在を思い悩んでいるうちに霊夢を見たといいます。南に枝が伸びた大きな木があり、その下には上座が設えてあった。その席は誰のためのものかと疑問に思っていると、童子が現れ、あなたのためのものだといって空に上っていきました。

夢から覚めた天皇は、「木」に「南」と書くと「楠」という字になることに気付き、近辺に楠という武士はいるかと周囲に尋ねたところ、金剛山に楠正成という者がいるというので、急遽彼を笠置山に呼び寄せたといいます。

これが戦前では知らぬ者のいなかった天皇と正成の出会いのストーリーですが、もちろんフィクションでしょう。先に見たようにすでに正成はいくさ上手として世に知られていて、河内を本拠に相当な勢力を築いていました。だからこそ天皇は正成を麾下に誘い、正成がそれに応えたのでしょう。のちにカリスマである正成が戦死しても、楠木氏はすぐには衰退しませんでした。

劣勢の南朝軍に所属しながら、楠木氏は一定の軍事力を保ち続けました。それは倒幕戦より前から、正成が扶植した勢力が河内国で有数というほどに優勢であったから、と想定すれば説明できると思います。

城は「落ちるもの」だったが…

後醍醐天皇が隠岐に流されたあとの、赤坂城・千早城での正成の奮闘については、詳述する必要はないでしょう。ただし、戦術におけるイノベーターとしての彼の真価について、付言しておきたい。それは、籠城戦という概念自体を、彼が創造した、ということです。

敵に攻められたとき、城にたて籠もる、籠城する。それがきわめて効果的な戦法であることはいうまでもない。戦国時代であれば、攻撃側は、防禦側の3倍、もしくは5倍の兵力が必要といいます。河越夜戦、長篠の戦いなど、少数の兵が大軍を相手に城を守り抜き、援軍を待って遂には戦いに勝利した例は少なくありません。

けれども、正成の出現までは、城は容易に「落ちるもの」でした。源平の争乱時、関東では相模・三浦氏の衣笠城、常陸・佐竹氏の金砂城などで攻城戦がありましたが、両者ともに数日で落城しています。

武士たちはヨーロッパの「モット・アンド・ベイリー」と同じく、日常生活を送る館の後背地に、いざというときの「詰めの城」を準備していました。

だがそれは、鎌倉時代初めには、基本的にはただの小山なり丘陵地であったと思われます。それに対して正成は、自然地形に様々な工夫（堀をほったり、土塁を積んだり、郭を成形したり）を加えて文字通りの「山城」としました。戦い方にも種々のアイデアを加えた。だからこそ、大軍の攻撃に耐えられたのでしょう。

正成の戦いは、関東武士の心胆を寒からしめ、北条氏の威信を低下させ、ついには鎌倉幕府の滅亡を招来しました。まさに彼は、「時代を動かした」人物であった。少し前に正成の業績に言及したら、「おまえは右なのか」とわけのわからぬ批判を頂戴しましたが、皇国史観が盛んに称揚した云々は関係なしに、正成がすぐれた人物であったことを再評価するべきではないでしょうか。

加藤清正《かとうきよまさ》　ランボーのような「勇者」にあらず

単なる「戦《いくさ》バカ」ではなく秀吉は彼の兵站面や代官としての手腕を評価して肥後を任せた

秀吉への忠誠心から毒殺され

まずは、二つの資料を挙げます。一つは加藤清正が書いた手紙。彼は自分の娘が嫁いだ榊原康勝（徳川四天王の一人、榊原康政の後継者。家康に愛された）を叱責しています。

「康勝どのは先だって、私の娘の生母に贈り物をしましたね。これは間違った行いで、物知らずと笑われます。というのは、生母は側室だから。娘の正式な母は、私の正室なのです。先ずは正式な母である正室に挨拶をして下さい。そのあとであれば、生母に贈り物をしても、それは全く問題ありませんので」

もう一つ。水戸黄門に仕えた佐々十竹（助さんのモデル）の記録から。

「家康公は、自分が作った毒薬で亡くなったという話だ。薬オタクの家康公は自分で毒薬を調合し、戸棚に大切に保管していた。その劇薬を使って、あの加藤清正を毒殺した。大坂滅亡後、駿府城でのんびり暮らす家康公だったが、あるとき気分が悪くなった。近臣があの戸棚に薬が入っている、よく効くに違いない、と気付けと勘違いして家康公に飲ませた。そのために家康公は亡くなったのだ」

一つ目の書状からは、清正が筋目を大切にする人だったことが分かります。悪くいうと融通が利かないほどに。彼は豊臣秀吉への忠誠心の厚い人物と評されますが、それは間違いないところだったのでしょう。

とすると、豊臣家を滅ぼしたい江戸幕府にとって、彼はとても目障りな存在でした。清正は家康と豊臣秀頼の会見が実現した直後に急死したわけですが、家康が目の上のこぶである彼を毒殺したという噂は、江戸時代前期から存在しました。二番目の資料がそれを物語っています。

戦場での活躍はファンタジー

清正は刀鍛冶・加藤清忠の子として尾張国愛知郡中村に生まれました。3歳のときに父が死去し、母と共に津島に移る。羽柴秀吉の生母である大政所と彼の母が遠縁の親戚だったらしく（どこまでが史実かは定かではありません）、１５７３年、12歳のときに、近江長浜城主となったばかりの秀吉に小姓として仕えます。

天正10年（１５８２年）、本能寺の変が起こると、清正は秀吉に従って山崎の戦いに参加しました。翌年の賤ヶ岳の戦いでは山路正国という武士を討ち取り、一躍３千石の所領を与えられています。有名な「賤ヶ岳の七本槍」の一人としての活躍です。

このあと、はっきりしているのは、１５８６年に肥後国の北半分、20万石ほどを領する大名になったこと。１５８３年に３千石。１５８６年に約20万石。このころ秀吉は小牧・長久手の戦い、四国征伐、九州平定と戦いつづけ、天下人としての地位を盤石のものにしていきました。

武勇に優れた清正もこれらの戦いで武功を挙げ、順次、身代を増やしていったのだろう。普通はそう考える。ところが清正は、従軍はしていたものの、最前線にはいませんでした。もっぱら、後方支援、兵站を担う部署で働いていました。また代官として土地の管理をしていたのです。

冷静に考えてください。自衛隊でも帝国陸軍でも良いのですが、軍の首脳陣を形成する将軍たちは、ランボーのようなマッチョだったのでしょうか。

そんなことはない。軍の統率者に個人的な武勇は必要ありません。視野を広くもち、状況を観察して戦術を定める。十分な補給を確保して兵の士気を高める。いざ戦闘になったら、彼我の損耗を客観的に把握し、戦闘集団を動かさなくてはいけません。軍司令官の役割は後方からの督戦・指揮であって、自らが突撃に参加するようでは、その戦いに勝ち目は無いのです。

ところが江戸時代から現代に到るまで、清正や福島正則などは、まずは勇者として捉えられる。たとえば浮世絵では、秀吉陣営第一の勇者である清正と、徳川家臣団の随一、本多忠勝が、小牧・長久手の戦いで一騎打ちをしているところが描かれる。まさにファンタジーであって、史実ではあり得ません。

数年前に兵庫県たつのの脇坂家の文書が修復され、やはり「賤ヶ岳の七本槍」の一人だった脇坂安治が秀吉から「木を切って京へ運べ」と命令されているのが読み取れました。安治は戦いに連れて行って欲しい、槍働きなら自信がある、と訴えます。だが秀吉は彼を伊賀国の代官に任じて、木を伐採して京都に運搬せよと繰り返す。秀吉は子飼いの安治に、一介の「戦バカ」で終わってほしくなかったのです。デスクワークをそつなくこなし、秀吉政権の支えとなることを期待したのでしょう。

幕府と戦う覚悟を決めていた

だが、安治の仕事ぶりははかばかしくなかった。それで秀吉は3万石しか与えませんでした（のち6万石）。逆のケースが清正、と捉えるべきでしょう。秀吉は清正の兵站面での手腕や、領地の代官としての働きを観察していた。そしてこいつならやれる、と判断し、肥後半国の大名に大抜擢したのです。それは、有能な軍司令官になるために必要な能力でもありました。

清正は秀吉の期待に良く応えました。彼はみごとに肥後を治め、現地では今でも名君とたたえられています。また、朝鮮出兵では1万人の軍勢を率いて渡海し、朝鮮軍・明軍と戦いました。その戦いぶりは苛烈で、そのために彼は、お隣の国の感情に配慮して、今後も大河ドラマの主人公になれないのでは？と噂されています。

清正と石田三成の確執は有名だが、その争いの本質については、私はいまだに答えを出しかねています。清正は先述のように、単なる「戦バカ」ではありませんでした。後方支援の大切さもよくよく知っていた。となると、よくいわれるように、戦場で戦う我々の苦労をお前たちは知るまい！ と清正が三成を毛嫌いしたという理解は、あまりに単純すぎると思うのです。ともかく秀吉の死後、清正は家康に接近し、関ヶ原の戦いでは東軍に。戦後、肥後一か国、54万石の太守となりました。

熊本城の天守閣には、城主を超えた、貴人の座が設けられていたといいます。清正はもしかすると秀頼を迎え、幕府と戦う覚悟を秘めていたのかもしれない。鉄壁の熊本城に籠城し、老齢の家康が亡くなる事態に賭ける。彼なら、やりそうに思えるのです。だが、彼は病死し、豊臣家は滅びました。清正なき加藤家は程なく、赤子の手をひねるが如くに取り潰されたのです。

福《ふ》島《くしま》正《まさ》則《のり》　リアリスト秀吉に認められた男

チンピラとか暴れん坊などと描かれることが多いが判断力と人間的魅力を兼ね備えていた

賤ヶ岳の戦いで大功を立てる

福島正則は幼名を市松といい、永禄4年（1561年）尾張国海東郡二ツ寺村（現・愛知県あま市二ツ寺屋敷）に、桶屋の長男として生まれたといいます。母は、豊臣秀吉の母（のちの大政所）の妹というが、どこまで信じるべきなのでしょうか。

彼はやがて、秀吉の小姓になります。はじめの禄高は200石。天正10年（1582年）、秀吉が明智光秀と戦った山崎の戦いに参加して加増を受け、500石に。柴田勝家との戦いである翌年の賤ヶ岳の戦いにおいては、一番槍として敵将・拝郷家嘉を討ち取るという大功を立てました。「賤ヶ岳の七本槍」の筆頭に数えられ、他の6人が3千石を拝領する中、彼1人は5千石を与えられました。

その後、小牧・長久手の戦い、紀州攻め、四国征伐にも従軍。天正15年（1587年）の九州平定の後、伊予国今治11万石余という破格の褒美を与えられました。つづく小田原攻め、朝鮮出兵にも参加。文禄4年（1595年）7月、関白・豊臣秀次が秀吉の命により切腹するという事件が起こりました。ちょうど日本に帰国していた正則は、秀次に命令を伝える役目を担当した。同年、尾張国清洲に24万石の所領を与えられています。

秀吉の死はこの3年後ですが、ここで立ち止まって、考えてみましょう。豊臣政権において大きな所領を持つ者は、徳川家康はじめ何人かいますが、彼らはみな、江戸幕府の呼称でいう外様大名です。五大老などに任じられますが、実は「顧問」に過ぎず、政権の実務には関与していません。

これに対し、本当に政権の運営に携わっていたのは、譜代大名ともいうべき、秀吉恩顧の者たちでした。その代表が近江佐和山19万石の石田三成、大和郡山20万石の増田長盛ということになります。

彼らは五奉行に名を連ねていて、他よりぬきんでた領地を与えられています（他の五奉行の前田玄以、長束正家は6万石。浅野長政は秀吉と相婿、則ち妻同士が姉妹という血縁があって、甲府で22万石）。間違いなく、豊臣政権の「政務」に携わるトップエリートです。

秀吉は7人の有望株に禄高を

豊臣政権は軍事権力ですから、当然「軍事」を担う者が必要でした。こちらを代表するのが、肥後熊本25万石の加藤清正と清洲24万石の福島正則です。領地は石高だけで見てはだめで、場所を考えないといけません。

銀座の10坪が他の場所の100坪、1千坪より重いように、やはり畿内は土地の価値が高い。また、正則が領していた清洲は、織田・豊臣ゆかりの地だから、これまた価値が高い。正則は秀吉から、まことに高い評価を得ていた、ということなのです。

そこで、ぼくの不満が生じます。よく時代劇や小説などでは、正則はあたかもチンピラのような描写がされる。暴れ者。粗暴で、思慮が足りない。本当でしょうか。

秀吉は実にドライに査定する人です。彼は農民の出身なので、家臣団を持っていません。そこで賤ヶ岳の合戦のときには、将来有望そうな若者7人に、大盤振る舞いの禄高を与えました。7人という数字を見ても、秀吉は計画的に、青年たちを売り出したのです。

だが、その後、この青年たちは冷徹に振り分けられました。厚遇と期待に見事応えた者と、つぶれた者とがはっきりと分かれています。正則は、加藤清正、加藤嘉明とともに出世しました。脇坂安治と片桐且元は鳴かず飛ばずでした。平野長泰と糟屋武則は忘れ去られました。

秀吉は信長と同じく、才能のない者は使いません。世襲を重んじる他の戦国大名とは明らかに異なる。家臣団のバランスを重視する徳川家康とも違います。丹羽長秀（領地は越前ほか123万石という）が没すると、子どもの長重には12万石だけ残して、領地と家臣団を収公しました。蒲生氏郷（会津92万石）が逝去すると、跡継ぎの秀行には東北の要衝・会津は治められないとし、90万石を取り上げようとしています（実際には宇都宮18万石に左遷）。

徳川の世を見据え東軍に参加

このように容赦ない人事をする秀吉に認められたのが正則でした。

だから、ここで彼の血縁が問題にならざるを得ない。もう一度いうと、彼の母は、秀吉の母の妹といいます。つまり、秀吉と正則は従兄弟だというのです。それならば、かりに才能に乏しくても、正則は親族として厚遇されるのかもしれません。

だが、宣教師フロイスの『日本史』には、こんな記事があります。秀吉が天下人となったあと、一人の若者が「私はあなたの弟だ」と名乗りを挙げた。彼は秀吉の母が、秀吉の継父の筑阿弥と別れた後に、他の男とのあいだに設けた男児だという。

秀吉は大政所と呼ばれていた母と、その青年を面会させました。するとどうやら、母の様子からして、彼の主張はうそではないらしい。それを受けて、秀吉はどうしたか。なんと、青年を処刑したのでした。妙な血縁者は政権運営の邪魔。それがリアリスト秀吉の答えでした。

この話を参考にすると、やはり正則が、従弟だから厚遇された、というのは考えにくいのです。秀吉の厳しい審査を課せられて、正則は実力で合格したのだ。その正則がチンピラとは、おかしな話ではないか。粗暴なところはあったかもしれません。だが、それを補うような、判断力と人間的魅力も兼ね備えていたのでしょう。そうでなくては、人の上には立てません。

正則はこのあと、天下分け目の関ヶ原の戦いですすんで東軍に属し、広島にほぼ50万石の大きな領地を得ています。「チンピラ正則」イメージをもとにすると、家康は三成憎しの正則を巧みにだまし、結果として豊臣秀頼の滅びに助力するように仕向けた、という解釈が生まれる。

それは、やはりおかしい。正則は厳しい秀吉から高い評価を獲得するほどに、しっかりと判断ができる人物だった、とぼくは考えます。当然、正則には豊臣家の時代が終了したことが分かっていたでしょう。これからは徳川の世になると判断し、東軍に与したと思われます。

大坂の陣に際して、豊臣家は正則に期待しました。だが、正則は動きませんでした。それも、今までの記述からすると、当然の結果というべきなのです。

脇坂安治《わきざかやすはる》

秀吉の指令書状にみる「叱責」の理由

賤ヶ岳七本槍の一人だが秀吉からしきりに「木を伐採して京へ送れ」と命令を受けていた

七本槍では最年長で3千石を

脇坂安治は天文23年（1554年）に生まれ、寛永3年8月6日に没。安土桃山時代から江戸時代にかけての武将であり、大名でした。「賤ヶ岳の七本槍」の一人として知られ、淡路国洲本藩主、伊予国大洲藩初代藩主を務めました。通称は甚内。官位は従五位下・中務少輔、淡路守。

はじめは明智光秀に仕えていましたが、自らの希望で羽柴秀吉の麾下に加わったといいます。秀吉の中国地方での戦いに従軍し、中国大返しから天王山の戦い、柴田勝家との賤ヶ岳の戦いに参加。七本槍の一人に数えられ、3千石を与えられました。ときに30歳。七本槍では最年長でした。

秀吉が徳川家康と戦った小牧・長久手の戦いでは伊勢国・伊賀国方面で活躍し、天正13年（1585年）5月、秀吉より摂津国能勢郡で1万石を、8月に大和国高取で2万石、10月には淡路洲本で3万石を与えられています。着実な昇進ぶりである…、といいたいところですが、このあたりから雲行きが怪しくなります。

秀吉の統治はこのあと13年続くわけですが、子飼いの武将である安治は、このあと3千石しか加増を受けていません。そこにどんな事情があったのでしょうか。

脇坂家は兵庫県たつの市、龍野藩の大名として幕末を迎えます。同家の文書群は龍野神社に収蔵されていましたが、戦後に持ち出されていました。たつの市立龍野歴史文化資料館は努力の末に、'14年春に所蔵者から文書群を買い戻しました。

このニュースに着目したのが、東京大学史料編纂所の村井祐樹准教授（当時は助教）でした。彼は文化資料館と史料編纂所の共同研究プロジェクトを立ち上げ、あまり状態の良くなかった同文書群を史料編纂所で調査し、修補しました。その結果、'16年、とても貴重な秀吉からの書状などがみごとに蘇ったのです。

「『槍働き』なら自信がある」と

たいへん興味深いことに、文書群には秀吉から安治への指令が何点も含まれていました。年次は天正13年で、秀吉は伊賀国の代官に任じていた安治に、「木を伐採して、京都へ送れ」と命令していました。伊賀国は古代の昔から良い木が採れる場所で、たとえば「玉滝杣《たまたきのそま》」などが置かれていた。杣というのは木材を産出する荘園と理解すればよいでしょう。

もちろん、山中に入って建材とする材木を切り出すこと自体は、さほど難しくはないかもしれません。だが、問題はそのあとです。巨木を傷つけぬように京へ運び出す。これが難事でした。細い道を通り、川を用い、大量の木を運ぶ。秀吉はその仕事を安治にいいつけたのです。

このとき秀吉は、越中にいた佐々成政を討つために、大軍を率いて北陸に出陣していました。安治は軍事活動とはまるで異なる仕事に四苦八苦し、「どうか私も戦場にお連れ下さい。『槍働き』ならば自信があります。必ず手柄を立ててみせますから」と秀吉に書き送っています。

これに対し、秀吉は厳しく安治を叱責します。「おまえは自分の仕事をなんと心得るか。今のおまえの任務は木を切ることなのだ。速やかに木を京都に送れ」「先週もいったが、木は運んだか。何本運んだか、きちんと説明せよ」

安治が加増を受けたのが、ちょうど天正13年でした。彼は伊賀代官の職務から解放され、淡路島で小なりとはいえ城主になりました。そこで3万石という石高を改めて考えてみましょう。

これが伊賀代官としての働きに対する褒美であるとすれば、秀吉の評価は「ぎりぎり合格」か「努力賞」といったところではないか。とても「よし、よくやった」ではないでしょう。

ここには、秀吉の人事評価が良く現れていると思います。いくさの大将に求められるのは、槍働きなどではない。そんなものは一介の武者がやることであって、大将に求められる資質は別にある。それは国をしっかり治めること。国を豊かにし、人々の不満を無くし、強い軍隊を編成できるようにすること。まさに政治であり、目標は「富国強兵」である。

朝鮮出兵に水軍の将で参戦も

秀吉は子飼いの武将たちにそれを要求しました。その試験に優秀な成績で応えたのが20万石超を与えられた加藤清正であり、福島正則であり、小西行長でした。

石田三成、増田長盛はいくさ働きは得意ではないが、政務に秀で、抜擢されました。おそらく秀吉は、その逆、つまり軍事は得意だが、政治はからっきしというのは認めなかったのではないか、と僕は思います。

命がけの戦場での奉公も大切だが、デスクワークはもっと大事なのだぞ、これからの大名は実務をこなせなくてはダメだ、秀吉はかわいい子飼いの安治にそう教えたかったのでしょう。

だが、安治のパフォーマンスは期待ほどではありませんでした。それで結局、彼は3万石の大名で終わったのではないでしょうか。

秀吉の没後、安治は徳川家康に接近します。だが、一も二も無く家康に付いていく、という機転を利かせることもできずに結局、関ヶ原の戦いは西軍の一員として参加することになりました。ただし、戦前から家康に内応を約束していたらしく、小早川秀秋とともに戦場で寝返り、なんとか淡路島の本領を安堵されました。

いや、豊臣恩顧の大名としては、顕著な活躍を示していないことが、幕府に過度な警戒の目を向けられない、という意味で、よかったのかもしれません。関ヶ原での裏切りの功績だろうか、慶長14年（１６０９年）９月、伊予大洲藩５万３千500石への加増移封を受けました。やがて隠居した彼は京都で亡くなっています。脇坂家は彼の没後に龍野に移りました。そのまま幕末まで続いたのです。

一つエピソードを。秀吉の朝鮮出兵に際して、安治は水軍の将として参戦しました。秀吉が水軍を重視していなかったことが分かって、それはまた別の意味で面白いのですが、結局このために安治は、あの李舜臣と争う役割を担ったのでした。

そのため、あちらの国の歴史ドラマでは、不世出の英雄・李舜臣の引き立て役として、安治もまた「日本一の名将」として演出されることがあるようです。

安治はあちらの国で、みごとに出世したのです。まあ、不本意きわまりない話でしょうが。

藤堂高虎《とうどうたかとら》

家康に全幅の信頼を得た築城の名手

外様大名ながら家康と来世にも繋がる主従関係を築き
上野東照宮の祭神にもなった男の生きざま

秀吉に仕え慶長の役にも参戦

藤堂高虎は弘治2年（1556年）、近江国犬上郡藤堂村（現・滋賀県犬上郡甲良町）の小領主の家に生まれました。父は没落していて、生活は農民同様だったといいます。幼名は与吉。

はじめ浅井長政に足軽として仕え、姉川の戦いに参戦して敵の首級を挙げました。浅井氏が滅亡すると、浅井氏の重臣だった阿閉貞征、次いで磯野員昌に仕えます。やがて近江を離れて、信長の甥の織田信澄の家臣になりますが、ここでも長続きしませんでした。

天正4年（1576年）、羽柴秀吉の弟・秀長に召し抱えられます。禄ははじめ300石。

秀長に一心に仕え、中国攻め、賤ヶ岳の戦い、和歌山での戦いなどに従軍。着実に加増を受けています。秀吉の四国攻めにも従軍し、この功績で1万石を領するようになりました。続いて九州攻めに参加して活躍し、2万石に。

天正19年（1591年）に秀長が死去すると、甥で養子の羽柴秀保（豊臣秀保）に仕え、若い主君の代わりに朝鮮で戦いました。文禄4年（1595年）に秀保が早世したのでひとたびは世を捨てたが、高虎の才を惜しんだ秀吉が召還したため還俗し、伊予国板島（現在の宇和島市）7万石の大名となりました。

慶長の役でも軍を率いて参戦。帰国後に大洲城1万石を加増されました。秀吉は彼を8万石の大名にしたわけで、豊臣政権の評価としては、加藤清正や石田三成（サラリーは20万石くらい）のトップグループに次ぐ第2グループ（10万石に届くか、というところ。他に加藤嘉明や長束正家ら）の扱いだったようです。

秀吉没後は徳川家康に急接近。関ヶ原の戦いでは西軍諸将に対し寝返りの調略を行った。その功績を認められ、戦後、宇和島8万石を安堵、新たに今治12万石が加増されました。高虎は居城を今治城に定めて改築を行っています。

土木作業が好きで馬が合った

高虎は外様ながら徳川家の重臣として仕え、江戸城改築などにも功を挙げました。慶長13年（１６０８年）には伊勢・伊賀に転封し、津藩主に。大坂の陣の活躍を受けてまた加増され、27万石。家康没後も徳川幕府からの信頼は揺るぎなく、さらなる加増の後に津藩は32万石まで大きくなりました。

高虎が伊勢に領地を持っていたのは、西国への備えのためでした。家康は、徳川家の軍事は、先陣が井伊、次鋒が藤堂と定めた。西国から外様大名が攻めてきたら、ともに30万石あまりの彦根と津でがっちりと防禦する。そこに尾張徳川家が加勢する。なるほど、良く考えられていますす。それほどに家康は、高虎を信用していました。家康が亡くなるとき、高虎は特別に枕元への伺候を許されています。

たとえば、織田信長ほど表には出さなかったでしょうが、苦労人の家康ももちろん、「家臣の好き嫌い」はあったでしょう。その意味でいうと、家康と高虎は実に「馬が合う」主従であったようです。家康は高虎を譜代大名よりもかわいがり、高虎も家康を慕いました。

建設会社で地位を築いた方（趣味が歴史探求）の指摘ですが、２人はともに、土木工事が大好きだったのではないかといいます。高虎といえば築城の名手として知られますが、町割と一体になった石垣（反りを重視する加藤清正に対して高虎は高さを重視するという）や堀の造作が見事である。家康も美しく技巧を凝らした建造物を作るより、利根川を大きく曲げ、大規模な埋め立てをして江戸の町を開くなど、規模の大きな土木作業を得意としていました。２人の信頼関係の根底に共通の趣味、話題があったのだとすると、なるほど合点がいく話ではないでしょうか。

高虎は身長190センチメートル、体中に弾傷や槍傷があったといいます。寛永７年（１６３０年）10月に江戸の藤堂藩邸にて死去。享年75。

来世でも奉公のために改宗を

私が勤務する史料編纂所には、一風変わった徳川家康像の模写が架蔵されている。それは中央に家康を描き、画面右奥に僧形の人物、左奥に衣冠を付けた人物を配する。また画面中央には、「東照三所大権現」と書かれている。僧形の人物は、家康が深く帰依していた天海僧正で間違いない。問題は左奥の人物であり、これは誰なのでしょうか。

三所大権現というのは、上野の動物園に隣接する上野東照宮の別名です。それで、東照宮にお尋ねしたところ、それは藤堂高虎ではないか、というお答えでした。上野東照宮の祭神は、今は徳川家康、徳川吉宗、徳川慶喜となっていますが、元は徳川家康、天海僧正、藤堂高虎でした。また、上野東照宮は同地に藩邸を構えた高虎によって創建されたものでした。三所大権現の文字があって、3人が描かれ、家康と天海が確実ならば、もう1人は高虎と考えるべきだろう、と教えていただきました。

そもそも上野というのは、高虎がここに藩邸を構え、土地の様子が領地である伊賀上野に似ている、と感想を述べたために命名された地名です。すぐそばに東叡山寛永寺があり、開基は天海僧正です。そう考えると、家康－天海－高虎の人的ネットワークが、史料編纂所所蔵の肖像画模写に見て取れるわけです。

死に際した家康は高虎を呼び「そなたはよく仕えてくれた。感謝している。ただ、宗派の違うそなたとは、来世では会うことができぬなあ」といいました。

すると高虎は「それがしは来世も変わらず大御所様にご奉公する所存です」というとその場を下がり、別室にいた天海に頼んで日蓮宗から天台宗への改宗の儀を執り行った。その上で再度、家康の枕元に戻り、「これで来世も大御所様にご奉公することがかないます」といって涙を流したといいます。

これは高虎に命じられて讃岐・高松の溜め池の造成を指揮した（高松の殿さま・生駒生俊の正室が、高虎の養女だった）津藩士、西嶋八兵衛が残した記録にあるエピソードですが、来世にまで繋がる主従関係を表現していて興味深い。

なお、少し意地悪だが付け加えておくと、幕末の藤堂藩は、いち早く幕府を見限り、官軍への忠節を誓っています。泉下の高虎は苦笑したでしょうか。

津軽信枚《つがるのぶひら》

石田三成の娘・辰姫を愛した弘前大名

関ヶ原の戦い後、家康の養女・満天姫を送り込まれたが津軽家が辰姫の子・信義を跡継ぎにした背後に…

家康の画像は弘前の東照宮に

前項で、一風変わった徳川家康像についてご紹介しました。中央に東照大権現として家康が描かれ、その左右には僧形の天海僧正と束帯姿の人物が描かれる。この人は藤堂高虎と推測できます。

これは史料編纂所に伝わる模写で、模写された年月日は不明。所蔵者は東京の外崎覚《とのさきかく》、とあります。外崎という方は津軽の人で元来は儒学者であり、幕末に生まれて昭和7年に没しています。歴史学者の川田剛に師事して、宮内庁で様々な歴史編纂に従事しました。また故郷津軽藩の歴史を研究しています。森鷗外とも交遊があったようで、鷗外の代表的史伝『渋江抽斎』に実名で出てきます。渋江は江戸末期を生きた医師・儒学者で、生活基盤は江戸にありましたが、弘前藩に仕えていたのでした。

外崎が書いた論文に拠ると、家康の画像はもともと弘前の東照宮に納められていたらしい。発見した外崎は家康、天海は分かりましたが、束帯姿の人物には見当が付かなかった。芸能を司る「マタラ神」か？との見解を示していますが、賛成できない。マタラ神の名を知る人は相当に少なく（恥ずかしながら、ぼくは知らなかった）、絵画の題材となることもほとんどない。だから、彼はやはり、上野東照宮の解釈どおり、藤堂高虎とすべきだろうと思います。なお、先日弘前に行ったときに「東照宮に行きたいのですが」とタクシーの運転手さんに尋ねてみました。すると、同社は結婚式場を作ったのだがその経営で大きな借金を抱え、神社は丸ごとなくなってしまった、と教えられました。そういうこともあって、三人が描かれた絵の原図がどこにいったか、いま調べても分からないのではないでしょうか。

秀吉に従属し南部家から独立

改めて問題とすべきは、絵がなぜ弘前にあったか、ということです。そこで大名の津軽家を調べてみると、同家の屋敷も上野にあったようだし、なにより、二代藩主の信枚は天海の熱心な仏弟子であったそうです。その縁で、弘前東照宮は「家康－天海－高虎」の絵を所蔵していたと考えられるのです。

さて、津軽信枚（1586〜1631）。陸奥国弘前藩二代藩主。官位は従五位下・越中守。戦国大名・津軽為信の三男として誕生。母は側室の栄源院。慶長元年（1596年）、父の命により兄の信建・信堅と共にキリシタンとなったらしい。ということは、後にキリスト教を捨てて、天海に教えを請うたのだと思われます。兄たちが病死したために父の跡を継いだのですが、兄には熊千代という遺児がいて、家督相続でもめたようです。このとき、信枚を強く支援してくれたのが、強い発言力を有する天海でした。

隣の地域と仲が悪い、という話は結構、耳にする（長野と松本、静岡と浜松など）。中でも、津軽と南部はことに有名だと思います。南部家の領地は八戸にまで及んでいたため、現在でも青森市を中において、西の弘前と東の八戸が、ことあるごとに対立する、という図式が残っているようです。この関係には歴史が由来していて、元々弘前の津軽家は盛岡の南部家の家臣でした。ところが信枚の父の為信は、津軽地方を平定した後に豊臣秀吉にいち早く従属し、南部からの独立をかちとります。そのため、両家は江戸時代を通じて、犬猿の仲になったわけです。

経緯を語る資料はあまりないのですが、おそらく、津軽家の独立にあたってなにくれとなく世話を焼いてくれたのが、石田三成だったのではないでしょうか。それで、三成の娘・辰姫が信枚の正室に迎えられた。ところがそこに関ヶ原の戦いが起こり、信枚は東軍について弘前5万石余りを安堵されます。幕府は津軽家との関係を深めるため、家康の養女の満天《まて》姫を津軽家に送り込みました。彼女はもと、福島正則の養嗣子、正之の妻でした。秀吉の没後に家康は約定（大名同士が、勝手に縁組みをしてはならない）を破り、諸大名との縁組みを積極的に進めますが、その第一号が、正之と満天姫の婚姻でした。正之は程なく死去し、満天姫は一児を連れて広島の福島家から出戻っていた。幕府は彼女をもう一度、利用したのです。

まるで「織姫と彦星」のように

お家の存続を考えるなら、辰姫は離縁。満天姫を大切にする。それが正しいやり方に違いありません。でも、信枚は辰姫と別れようとしませんでした。満天姫が正室になりました。これは幕府との関係上、仕方ない。一方で、辰姫は側室に格下げするに留められました。それで、津軽家の飛び地がある上野国の大館に移住することになりました。信枚は参勤交代の折に、大館に滞在し、辰姫と会いました。まるで、織姫と彦星です。

満天姫と辰姫。二人はほぼ同時に子どもを産みました。しかも二人ともに男子でした。幕府の威光を畏れるならば、当然、満天姫の子を跡継ぎにするはず。けれども、信枚は、ここでもそうしなかった。辰姫が生んだ子を世子とし、藩主の座を譲った。これが三代目の信義でした。

三成の血を引く信義を後継者にする。信枚はなぜこんな選択をしたのでしょうか。一つ考えられることは、江戸幕府はそこまで三成を忌み嫌っていなかったのかもしれない、ということです。三成の嫡男・重家は命を助けられ、僧籍に入りました。三成が西軍の絶対的な主将だとすると、あり得ない措置でしょう。加えて、信枚はよほど三成に恩義を感じていたのか。三成の遺児の一人が、信枚に召し抱えられている（石田姓を捨て、杉山を名乗る）ところを見ると、詳細は分かりませんが、これも確かなことのように感じられます。それから、もちろん、信枚は辰姫を愛していたのでしょう。

満天姫が生んだ子は、後に信英と名乗ることになりました。幕府は、義理とはいえ「神君の孫」である彼を、旗本に取り立てます。藩内にも彼を藩主に擁立すべし、という声は大きく、それが大規模な騒動に発展していきました。辰姫の子である信義はこの動きを徹底的に弾圧するのですが、信義・信英ともに、幕府から処罰されることはありませんでした。

信枚は幕府内で力のあった天海、藤堂高虎の支援を受けていました。だからこそ、幕府の脅威を感じながらも、三成の血を引く男児を藩主となし得た。一枚の画からは、そんな推測が読み取れるのです。

第2章

「女性の鑑」満天姫を知っていますか

満天姫《まてひめ》　波乱万丈の生涯を送った家康の養女

福島正則の養嗣子へ嫁いだ後、津軽信枚《のぶひら》に再嫁したが自らを押し殺して「女性の鑑」となった

父の松平康元は家康の異父弟

今回は数奇な生涯を送った女性を主人公として書いていきたいと思います。前項で、津軽信枚を取り上げたときにも言及した、彼の正室である満天姫です。その生き方をどう捉えれば良いのか、僕はいまだ考えあぐねているのですが。

満天姫、おそらく「まてひめ」と読むのだろう。天正17年（1589年）生まれで、父は下総関宿で4万石を領した松平康元です。この人は徳川家康の生母、お大《だい》の方（伝通院）が家康の父、松平広忠と離別した後に久松家に再嫁して産んだ男子の一人で、つまりは家康の異父弟となります。

なお、お大の方は康元の他にも康俊と定勝を産んでいるが、定勝の家系が伊予松山15万石の大名となって繁栄します（有名な松平定知アナウンサーは、この系統の子孫）。康元の家は、後には衰えてしまいました。

徳川家康は豊臣秀吉の没後、天下取りの下準備として、豊臣大名との婚姻を積極的に行っています。なかでも重要だったのが、福島正則との縁組みで、慶長4年（1599年）、11歳だった満天姫は伯父・家康の養女となって、正則の養嗣子・福島正之に嫁ぎました。

周知の如く正則は関ヶ原では東軍として活躍し、戦後には広島50万石の大大名になっていますから、彼女の輿入れは大成功だったわけです。

ところが、その後に面倒なことが起きました。正則は子どもがなかったため、姉の子である正之を後継者にしたのですが、その後に実子・忠勝が誕生したのです。

慶長12年（1607年）、正之は乱行のため幽閉され、死去します。一説には、実子に跡を継がせたい正則によって不自然なかたちで死に追いやられたという。このとき満天姫は妊娠していて程なく男児（後の大道寺直秀）を出産しますが、母子ともに徳川家に帰されました。

三成の孫を後継者にした信枚

慶長18年（1613年）、家康は満天姫を津軽信枚に再嫁させます。このとき彼女は家康にとくにねだって、家康お気に入りの関ヶ原合戦を描いた屏風（現在は「津軽屏風」として大阪歴史博物館蔵）を嫁入り道具としました。亡夫・正之の活躍が描かれていたからだといいます。精神に異常をきたしたなどと噂を立てられた正之でしたが、少なくとも満天姫にとって、彼との生活は懐かしむべきものだったようです。

前項で述べたように、新しい夫、津軽信枚には石田三成を父とする妻・辰姫がいました。満天姫が津軽に輿入れすると（徳川家の女性は江戸に住むのではなく、領地に赴いていたようだ）、辰姫は上野国《こうずけのくに》の津軽領に移りました。

徳川に敵対した三成の娘を津軽家は抱え続けたわけで、満天姫の出方によっては、幕府の手前、かなりまずいことになったように思います。だが、そうした形跡は見られませんでした。

ところが、信枚はさらに驚くべき行動に出ます。辰姫と満天姫は、同じ頃に男子を産んだのですが、なんと徳川に列なる満天姫所生の子を差し置いて、三成の孫に当たる辰姫の子を後継者としたのでした。よく幕府が許可したものです。よく満天姫が納得したものです。面目を潰された、と事を荒立てることもできたでしょうに。

信枚は寛永寺を創建した南光坊天海の弟子となっており、屋敷も上野《うえの》に建てました。家康－天海－藤堂高虎、という、いわば「上野グループ」に属していたのです。そのため、外様であってもかなり思い切ったことができたのだと推測できます。

だが、幕府ができて日が浅く、外様大名のみならず譜代大名でも、取り潰しにあうのを極度に畏れていた時期です。天海だけでなく、満天姫もおそらく津軽家のサポート役を務めたのでしょう。

元和5年（1619年）、豊臣家が滅びると、幕府は広島藩主である福島正則を潰しにかかります。小さな瑕疵をいい立てて、領地を大幅に削り、本州の最北、弘前への国替えを命じたのでした。それに伴い、津軽家は信濃・川中島に移るように内示があった。雪も寒さも弘前ほどではない信濃への転封。参勤交代も楽になる。反対に、温暖な広島からの退去は福島家にはあまりに辛い。

福島め。せっかく満天姫を輿入れさせたのに酷い扱いをしおって。いまこそ恨みを晴らしてやる！　幕府がそう考えたのかどうかは分かりませんが、わざわざ弘前を指定したあたり、やはり過去の因縁も絡んだ左遷と考えるべきでしょう。

子・大道寺直秀には毒殺説が…

ところが、津軽家の方では、単純に喜べなかったようです。国替えには莫大な資金が必要になる。また津軽はなんといっても、父祖の地である。何のゆかりもない川中島には行きたくない。それで、天海を通じて運動し、この移動を握りつぶした。結局、福島正則が、川中島に移されたにとどまったのでした。

だが、福島の話はこれで終わりになりません。川中島に移った後も福島家は禄を減らされ、正則の死とともに大名の格を失ってしまうのです。

ここで野心を抱いたのが、満天姫が福島正之との間に産んだ男子でした。彼は津軽家の家老・大道寺家に養子として迎えられて大道寺直秀を名乗っていました。

ところが、それには飽き足らず、自身が大名・福島家を再興しようと各方面に売り込みを始めたのです。満天姫は直秀の活動は、津軽家に災いとなると考え、直秀を諫めます。しかし、直秀は考えを改めず、ついには直接江戸へ上って、福島家再興を訴えるといい出しました。寛永13年（１６３６年）、江戸に出発するに際して満天姫に別れの挨拶に訪れた直秀は、ここで突然の死を迎えることになります。出された酒を飲むうちに苦しみだして急死したといい、この一件には毒殺説がささやかれています。

寛永15年（1638年）、満天姫は弘前で生涯を終えました。50歳。彼女は自らを押し殺して、津軽家のために尽くした。儒教が教える「女性の鑑」です。

だが、まだ江戸時代もはじめ、儒教が浸透していない時代に、こういうふうに生きる女性がいるのでしょうか。彼女の探求はこれからも続けますが、今回はとりあえず、波乱に満ちた人生を送った一人の女性としてご紹介しました。

細川忠興《ほそかわただおき》

謀反人の娘を愛した文武両道の逸材

秀吉からは「冷遇されていた」と解釈できるが、
明智光秀の娘・ガラシャを妻にしながらも大大名になった……

豊かな教養も兼ね備えた武将

細川忠興は優秀な人です。戦場では有能な指揮官であり、教養豊かな文化人でもある。彼が生きていた当時から、そうした評価が定まっていた。『細川家文書』には千通を超える彼の書状が残っていますが、それを読むとたしかに、彼の柔軟な知性を感得することができます。

武将と教養、というと意見が分かれるところです。たとえば加藤清正は、武士に教養など不要と断じますが、織田信長の前に畿内に覇を唱えた三好長慶は「歌・連歌　ぬるきものぞといふ人の　梓弓矢を取りたるもなし」と歌って、教養の核である歌を理解しないやつはいくさもダメだと嘲弄しています。同じ天下人でも豊臣秀吉は伝統的素養に遠い感じがする一方で、徳川家康は学問好きで知られた。このあたり、やはり育ちの差なのでしょうか。細川幽斎を父に持つ忠興は、まさに文武両道の人でした。

永禄6年（1563年）、与一郎忠興は、室町幕府に仕える細川藤孝（のちの幽斎）の長男として京都に生まれました。父はやがて足利家に見切りを付けて、織田信長に仕えるようになります。

天正6年（1578年）に元服し、信長の仲介を受けて、明智光秀の三女・玉（ガラシャ）と結婚します。諱《いみな》の「忠」は、信長の嫡子である信忠から賜ったというように、次世代の織田家を支える人材として期待されていました。翌年には光秀や父とともに丹後国の大名、建部山城主の一色義道を滅ぼしました。この功により、細川家は南丹後を領有する大名となりました（石高にすると5万石前後か）。

天正10年（1582年）、本能寺の変が起きます。細川父子は織田家中の上司でもあり、親しい友人でもあり、縁戚でもあった明智光秀への助力を断固として拒絶しました。この判断は細川家の存続という観点においては正しかったのですが、忠興と玉の夫妻の間に、決定的な亀裂を生みました。

本能寺の変以降すれ違う夫婦

いっそ離縁すればすっきりしたのでしょうが、忠興は妻を愛しすぎていたらしく、それがかえって、このあとの2人の生活を苦難に満ちたものにしたようです。

羽柴秀吉が天下人へと駆け上る間に、細川家は北丹後を領有する一色満信を滅ぼし、丹後一国の大名となりました。幽斎は隠居し、忠興が家督を嗣いだ。秀吉は忠興に丹後12万石を安堵しました。

だが、それだけでした。忠興は先にも述べたが、当時から傑出した人物と広く認められていました。幽斎は秀吉が朝廷とつきあう際に大いに働きました。にもかかわらず、秀吉は細川家に褒美を与えませんでした。全く加増をしていないのです。

反対に徳川家康は、秀吉が没すると直ちに（五大老の合議を名目に）忠興に6万石の飛び地（九州の国東半島）を与えています。こうしたことを考慮すると、これはあまり指摘されないことですが、忠興は秀吉から「冷遇されていた」、という解釈が妥当でしょう。

武の加藤清正や福島正則、文の石田三成や増田長盛。豊かな領地を与えられ、自分を追い抜いていく同僚を眺めながら、なぜだ、と忠興は自問したでしょう。

その結果として彼は、謀反人の娘である妻、という存在に行き当たる。玉は玉で、敬愛する父・光秀に味方してくれなかった夫や舅への想いは屈折したものにならざるを得ず、それがキリスト教入信への道を開いていく。

彼女が教会にやって来たとき、宣教師は「これほどに美しく、かつ聡明な女性は他にない」と絶賛しています。だがすでにバテレン追放令は公布されていて、棄教を拒否した高山右近が領地を没収されるなど、キリスト教は「あぶない」宗教になっていました。それにあえて近づこうとする妻に、忠興は、なぜ細川家を危険にさらすのか、太閤殿下の機嫌を損ねたらどうするのだ、と心配もし、怒りを覚えたのではないでしょうか。

本能寺の変に際しては、離縁はもちろん、命を奪う挙にも出られたのに、私はおまえを変わらず妻として遇している、何が不満なのだ、私の気持ちが分からぬか、忠興はそう思う。ガラシャの名を授かった玉は、すぐにも家を出たいが主は離婚を許してくれない。

結果、夫には心を閉ざし、神にのみ向き合うようになっていく。この夫婦の毎日は、それは辛い日々だったのだろう、と容易に想像がつきます。

「人質になるなら死ね」と命じ

そうして日々が過ぎ、関ヶ原の戦いが起きます。その前夜、妻が人質に取られるような事態になったら玉を殺してお前たちもみな死ね、と留守居の家臣に命じて忠興は出陣していきました。その予測は不幸にして的中し、挙兵した石田三成は家来を派遣して細川邸を囲んだ。玉は家中の女性たちを逃がしたあとに従容として死に就き、家臣たちも自害した。忠興は生き残った稲富一夢（鉄砲の名人）を捕縛しようと付け狙い、徳川家が稲富を召し抱えたのでやむなく諦めた。死ね、と厳命する彼の言葉にウソはなかったのです。

玉が逃がした女性には、彼らの長男、忠隆の嫁、千世も含まれていました。戦いから戻った忠興は、玉一人を死なせた嫁を責め、忠隆に離縁を迫った。父と同様に妻を愛していた忠隆がそれを拒むと、なんと忠興は忠隆を廃嫡に処したのです。

父の幽斎は丹後の田辺城に籠城していました。有名な古今伝授の一幕があり、朝廷の斡旋があって、幽斎は堂々と城を開いて退去した。忠興はこれも気にくわなかったらしいのです。なぜ武士らしく潔く腹を切らぬのだ、と父を責めていたフシが見受けられます。また、田辺城を包囲していた軍勢のリーダー小野木重勝を、東西両軍の戦いは終了しているにもかかわらず、執拗に追い回しました。それは重勝が音をあげ、自害するまで続いたといいます。

こうした忠興の激烈な行動は、もしかするとすべて、愛してやまなかった妻を失った悲しみに由来するのかもしれません。細川家は関ヶ原の戦いの後に小倉39万石（はじめ中津に入り、すぐに同じ領内の小倉に移る）。つづいて加藤家が取り潰されると、熊本54万石の大大名になって江戸時代を生き抜く。そのもとになったのは、忠興と玉の、哀しい夫婦の物語だったような気がするのです。

羽柴秀吉《はしばひでよし》 「中国大返し」を成し遂げた名指揮官

兵の士気を高めたまま機動性をとことん引き出し
相手の予想を超えるスピードが敵の撃破に繋がった

孤立無援で戦死した後藤基次

慶長20年（1615年）5月、徳川家康は豊臣家の息の根を止めるべく、大軍を大坂城に差し向けた。世にいう大坂夏の陣です。これに先立つ大坂冬の陣後の折衝の結果、大坂城は防禦の生命線ともいえる堀を全て埋められてしまっていました。

そのため、豊臣方は、夏の陣では城を出て戦わざるを得ない状況になっていたのです。

徳川幕府軍は河内方面、大和方面より大坂城に迫ります。このうち大和方面軍は水野勝成を先鋒とし、松平忠輝、伊達政宗など総勢3万4千の兵で構成されていました。大坂方は軍議を開き、河内平野に侵入する隘路の手前に陣取り、行軍してくる幕府軍を迎え撃つことに決しました。

5月5日、河内国平野で宿営した後藤基次、毛利勝永、真田幸村（信繁）らは、同日夜半に出発し、翌払暁に道明寺村付近に集結、狭隘な地で幕府軍を迎え撃つことを再度確認。5月6日午前0時、後藤基次指揮の兵2千800が出発し、藤井寺を経て夜明け前に道明寺に到着しました。

ところが、他には誰も到着していない。しかも、後藤は幕府軍が隘路を抜け、既に展開していることを知りました。

作戦が既に破綻していることを認めた後藤は、やむなく午前4時ころから戦いを開始。それでも他の大坂勢は一向にやってきません。激闘8時間、基次は戦死し、後藤隊は壊滅しました。

このころようやく、大坂勢は次第に戦場に到着してきましたが、すでに広い場所に展開していた幕府勢に勝てるはずもなく、薄田兼相が戦死し、大坂城へと退却しました。

このとき真田幸村がしんがりを引き受けて奮戦し、「関東勢百万も候へ、男は一人もいなく候」と吠えたといいますが、孤立無援の戦いを強いられた後藤にしてみれば、「それより作戦通り、戦場に来てくれよ」とグチりたかったに違いありません。

というのが今回の文章の長い前置きです。何がいいたいのかというと、軍事行動の基本は、兵をキチンと動かすことだ、ということなのです。これができなければ戦術も采配もあったものではない。

農民兵のまとめ上げが重要に

とくに農民兵が多く含まれるような軍隊の場合は、命のやりとりに積極的と思えぬ彼らをしっかりとまとめあげ、時間と場所をあやまたずに動かす。これを実行するのは至難であり、見事にやってのける指揮官は実に有能だ、という評価になります。

こうしたことを思うと、「中国大返し」をやり遂げた羽柴（豊臣）秀吉という人は、卓越した軍人だったと評価できるのです。おおよその方はご存じだろうが、念のため記しておくと、天正10年（1582年）6月2日に明智光秀が本能寺に織田信長を襲い、討ち取りました。

その報せを備中高松城攻めの陣所で聞いた秀吉は直ちに敵の毛利方と交渉して和議を結び、200キロメートルを7日で走破して帰京。13日に山崎の戦い（天王山の戦い）で明智勢を打ち破ったのです。

自衛隊では、一日の行軍は20キロメートルということになっているそうです。とすると、火事場のバカ力を出せば7日で200キロメートルは可能なのかな、と思えます。

だが、自衛隊の皆さんは戦いのプロです。厳しい訓練を積んでいて、士気は高い。一方、秀吉が率いていた2万の兵には農民が含まれています。彼らは体力こそあるかもしれないが、士気は決して高くありません。逃亡を許さず、軍隊としてのまとまりを維持して行軍するのは、並大抵のことではありますまい。

織田家内であっという間に頭角を現し、丹波国を独力で平定した明智光秀を、無能よばわりする人はめったにいないと思います。その光秀が何の計算もなく信長を襲うわけはあるまい。柴田勝家も滝川一益も秀吉も、上杉家、北条家、毛利家と対陣していてすぐには帰京できない。その時間を利用して畿内を掌握すれば、もし彼らと敵対しても互角以上に戦える。そう光秀は計算していたに違いありません。秀吉のスピードが、光秀の想定を超えてとんでもなく速かった。そこに光秀の敗因があった、とするべきです。

5時間で走破した美濃大返し

秀吉が成し遂げた「中国大返し」はすごいことでした。もちろん、実は秀吉と光秀は気脈を通じていた、というようなマジックを持ち出すのは妥当ではありません。

やはりそれは、凡将ではなし得ないような「とてつもないこと」と見るべきでしょう。翌天正11年（1583年）4月、秀吉は織田家の第一家老、柴田勝家と近江北部の賤ヶ岳に戦って、完勝しています。このとき、羽柴、柴田の両軍は、賤ヶ岳でにらみ合いになった。こうしたとき、いくさは先に動いた方が敗れます（※）。

秀吉はそれが作戦なのか、結果的にそうなったのかはよく分からないのですが、一旦、主力軍を美濃へ動かしました。するとそれを感知した柴田軍の有力武将・佐久間盛政が羽柴陣営に攻撃をかけました。美濃の大垣城でその報せを受けた秀吉は、急ぎ賤ヶ岳の戦場に取って返しました。

柴田陣営は主将の勝家が盛政に対し、早く自陣に引き返すように指令したが、中川清秀を討ち取った盛政は気が緩んだのか、指令を受容しませんでした。そこに秀吉の大軍が帰ってきて、両軍は乱戦になり、兵力に勝る秀吉軍が柴田勢を撃破。勝家は戦場を離脱したものの、居城の北ノ庄を包囲されて滅びたのです。

柴田軍が先に動いたのを知った秀吉は、52キロメートルを5時間で走破したといいます。これが「美濃大返し」ですが、スピードは中国大返しをはるかに上回る。やはり秀吉は兵の機動性をとことん引き出し、それによって敵を撃破したということになります。士気を高めたまま軍勢を動かせる秀吉の能力は測り知れぬものである、と評することができるのです。だが、後世、秀吉はむしろ、城攻めの上手として知られます。三木城、鳥取城、備中高松城。堅固な要塞を落とす創意工夫の人とは称されますが、野戦の達人とはいわれないのではないでしょうか。

野戦の名手というと、やはり徳川家康ではないか。そうした評価はいったいどこからくるのでしょうか。これは考えるに値する疑問だと思います。そこで、先の※とあわせて、次項で、この点について考察を深めていきたいと思います。

徳川家康《とくがわいえやす》

秀吉のお株を奪った「野戦の家康」

秀吉と家康が戦った小牧・長久手の戦いで
圧倒的な兵力を有した「城攻めの秀吉」が負けた理由

10万の大軍を持つ秀吉だが…

天正11年（1583年）4月、羽柴秀吉は賤ヶ岳の戦いにおいて、柴田勝家に勝利しました。勝家が担いでいた織田信孝は自害に追い込まれます。織田家の生き残りといえば、尾張・伊賀・南伊勢約100万石を相続していた信雄《のぶかつ》でしたが、勝家・信孝を排除した秀吉は、信雄とあからさまに衝突するようになりました。信雄が徳川家康と同盟を結んで対応しようとする中、秀吉は信雄家中の津川義冬、岡田重孝、浅井長時の三家老に調略の手を伸ばしました。信雄が天正12年（1584年）3月に親秀吉の三家老を処刑すると、これに激怒した秀吉は、信雄に対し出兵を決断。家康も兵を出しました。

天正12年（1584年）3月13日、羽柴方の池田恒興《つねおき》が犬山城を占拠しました。家康はこれに対抗するため、すぐさま翌々日の15日には小牧山城に駆けつけます。このとき恒興の娘婿である森長可《ながよし》も、小牧山占拠に動いていました。16日から17日にかけて、徳川勢と森勢の戦いがあり、徳川勢が勝利（羽黒の戦い）。18日、家康は小牧山城に入りました。一方の秀吉は3月21日に大坂城を出発、25日に岐阜に進み、27日に犬山に着陣するも、双方共に手が出せず、戦況は膠着状態に陥りました。

さて、ぼくが前々から不思議に思っていたのは、ここです。当時の家康は駿河・遠江・三河に加え、甲斐・信濃を新たに領有していました。130万石ほど。新たな領地からはなかなか兵を集められないから、徳川勢はどうがんばっても3万人には届かなかったでしょう。一方で秀吉は10万の大軍、といいます。畿内を押さえた彼なら、この軍を編成するのは可能です。つまり、兵力差は相当にあったのに、なぜ秀吉は仕掛けなかったのでしょうか。

答えはやはり、「野戦築城」でしょう。賤ヶ岳の戦いでもそうでしたが、当時の兵は工兵も兼ねていて、着陣すると直ちに陣地を築きだしました。単純化していうなら、まず穴を掘る。これで空堀が出来る。掘った土を積み上げれば、土塁が出来る。巧者が堀と土塁の配置を指揮すれば、短時間で立派な防御施設が出現する。この戦いでケガしたり死なぬよう働け、と叱咤されれば、兵は何より自分の身を守るため、きつい労働に励んだに違いないのです。

2万の大軍は10キロメートルにも及ぶ

城を攻めるには守備側の3倍の兵が必要だ、といいます。できれば、5倍とも。だから秀吉が犬山城を出て徳川勢が籠もる小牧山を攻撃するとなれば、徳川3万とすると、9万がまず必要。しかも戦いに慣れた家康が相手だから、5倍の15万がのぞましい。なるほど、これは秀吉が大軍を率いていたにせよ、軽々には戦いの口火を切れないことになります。

そこで、秀吉は、兵を自在に動かして勝利することを思いついたのではないでしょうか。明智光秀との戦いでも、柴田勝家との戦いでも、秀吉はみごとな兵の運用によって勝利しました。中国大返しに美濃大返し、ともに神がかった采配でした。よし、ここでももう一度。秀吉はそう考えたのだとぼくは思います。それが2万の別働隊を編成することだったのです。

2万の別働隊を創出して、家康の領地である三河方面を襲う。この計画を立案したのは池田恒興となっていますが、ぼくは怪しいと思います。だいたい2万もの大軍が動けば、たいへんな騒ぎになります。二人が並んで道を行き、前を進む人から1メートルの間隔を保つとすると、先頭から末尾まで、10キロメートルの長さになる。以前はよく隠密部隊などといわれましたが、相手の陣営を監視している者は必ずいるわけで、隠密裡に動けるわけはありません。

秀吉にしてみれば、この部隊は、囮だったのではないか。目的地が三河かどうかは分かりませんが、小牧山の後方へ進もうとする羽柴勢を見れば、家康は兵を率いて小牧山を出るでしょう。そうすればしめたものです。家康が囮に食らいついている隙に、すかさず自分も打って出て、平地で家康を捕捉しよう。自分は兵の動かし方には自信がある。必ず家康の部隊を捕まえられるだろう。そうなれば、兵力の多い我が方の勝利は間違いない。家康を討ち取ることも難事ではあるまい。秀吉はそう考えたのではないでしょうか。

出陣前に気弱な遺言状を書く

別働隊の実質的な指揮官は池田恒興で、娘婿の森長可部隊3千人もこれに所属していました。鬼武蔵（長可は武蔵守）と呼ばれた勇将であるはずの彼が、出陣前に気弱な遺言状を書いています。私が戦死したら森家を嗣ぐのは弟の千丸だが、千丸は本拠である兼山城の城主になってはならない。兼山城には誰か然るべき人に来てもらって、千丸は秀吉の側近くで仕えるように。母は京都で暮らし、妹は武家には嫁がず、医者の妻になりなさい。「千丸、われらが跡目、くれぐれいやにて候」。武家働きはこりごりだ、といわんばかりの内容ですが、なぜ、彼はこんなものを書いたのか。やはり別働隊の作戦というのが、実戦経験豊富な長可には机上の空論に見えたのではないでしょうか。自分はおそらく生きて帰れまい、という思いと、こんな奇妙な作戦を押しつけてくる秀吉、もしくは武家社会の理不尽を感じていたのではないでしょうか。

長可の予感は現実のものとなってしまいました。犬山城の動きを察知した家康は素早く小牧山を出て、別働隊を追跡。長久手で両者は抗戦し、別働隊はほぼ壊滅しました。名目上の主将であった羽柴秀次は命からがら退却。池田恒興、森長可は討ち取られました。秀吉は兵を率いて家康を追い求めましたが、ついに捕捉できませんでした。家康は小牧山に戻り、再び防禦を固めます。つまり秀吉は、別働隊というエサだけを取られ、大魚を逸したのです。

家康の行軍は、秀吉のお株を奪う見事なものでした。このあたりが「野戦の家康」と呼ばれる所以なのでしょう。秀吉は、光秀との戦いや勝家との戦いを見るに、野戦でこそたぐいまれな指揮をしているように思えますが、「城攻めの秀吉」として語られることが多いです。

本当に戦術の手腕がすぐれていたのは、さて、秀吉なのか、家康か。とまれ、この敗戦により秀吉は家康を直接的な戦いで屈服させることをあきらめ、織田信雄をまず無力化した上で、政治的に家康を絡め取る方法を選択するのでした。

酒井忠次《さかいただつぐ》

家康に冷遇された「四天王」の筆頭

家康の嫡子・松平信康が信長に自害を命じられたとき、忠次が庇わなかったことを家康は深く怨んだのでは?!

酒井家は徳川の最古参の家臣

徳川幕府に仕えた譜代大名の代表ともいうべき酒井家には、有力な家が二つあります。一つが左衛門尉家、一つが雅楽頭家。左衛門尉家は三代目の忠勝が出羽庄内に封ぜられて以降、ずっとこの地を治めました。'22年は、酒井左衛門尉家が山形県の庄内地方に殿さまとして入部してから、ちょうど400年目に当たるそうです。それで本番の祝祭の露払いとして、先ごろぼくは鶴岡で、酒井家の歴史について話をさせていただきました。このときに調べ、考えたことがあるので、酒井忠次を取り上げてみたいと思います。

酒井忠次、本多忠勝、榊原康政、井伊直政。家康の四人の重臣を「徳川四天王」と呼びます。だがこの「四天王」、どう考えても当時の言葉ではない。ではいつから、彼らを徳川家臣団の代表としてまとめるようになり、「四天王」というような呼び方をするようになったのでしょうか。

ぼくが見つけることができたのは、新井白石の『藩翰譜《はんかんふ》』です。この本で白石は譜代大名の分類を試みていて、十八松平・外戚・武功の家・執事と御役の家・新参の家、と区分しています。

十八松平と外戚の家はいわば徳川家の親戚であり、石高はともかく、格が高い。純粋な家来はこの本の「第四 上」から記されていて、ここには左衛門尉酒井家、本多家、井伊家、榊原家が取り上げられています。これが四家を譜代の代表としてまとめる、初めての史料ではないでしょうか。それで、それを「四天王」というちょっと気恥ずかしい呼び方をするようになったのは、ずっと後世、明治以降ではないか。

もう一つ注目すべきは『柳営秘鑑《りゅうえいひかん》』という書物で、これは譜代大名を「いつごろから松平家（徳川家）に仕えたか」という基準で分類します。まだ松平家が三河安祥に本拠を置いていた頃から仕えていたのが安祥譜代、その次が本拠を岡崎に移してから家来になった岡崎譜代、さらに駿河譜代と続きます（なお、浜松譜代の語はない）。このとき安祥譜代として、酒井、大久保、本多、阿部、石川、青山、植村の7家が挙げられる。つまり、酒井左衛門尉家は四天王の筆頭であり、徳川家の最古参の家臣ということになります。つまり、酒井

家康の主要な戦に全て参加し

尾張の知多半島に水野という家がありました。水野忠政は妻のお富の方との間になしたお大を松平広忠に嫁がせた。二人の間に生まれたのが竹千代、のちの徳川家康です。ここまでは歴史好きなら知っていると思います。ところが興味深いことに、水野家と松平家の縁はこれだけではありません。

家康の祖父・松平清康は松平家の勢威を高めた傑物といわれますが、彼は忠政の妻のお富の方に恋慕し、彼女を力づくで奪い、自らの後妻にしたといいます（年齢を計算し、この話はウソとする説あり）。

2人の間には女子が生まれ、彼女を妻としたのが酒井忠次でした。つまり、忠次は血は繋がらないが、家康の叔父にあたるというわけです（忠次は家康より16歳年長）。

忠次は竹千代が今川義元への人質として駿府に赴くとき、近臣団の最高齢者（23歳）として同行しました。桶狭間の戦いの後、家康が独立すると家老となり、永禄6年（156

3年）の三河一向一揆では、徳川家臣の多くが一揆に与したのに対し、家康への忠義を貫きました。三河と遠江の国境に位置する吉田城（豊橋）の城主となり、東三河の旗頭として家臣を統制しました。家康の右腕として働いています。

家康の主要な戦い全てに参加した忠次は、戦功を重ね、織田信長や豊臣秀吉にも認められます。天正14年（1586年）10月には、徳川家中で最高位の従四位下・左衛門督に叙任されています。このときまでは、彼が家臣筆頭であったことは間違いありません。天正16年、長男の家次に家督を譲って隠居します。

さて、問題はここからです。天正18年（1590年）に徳川家は関東への国替えを命じられます。このとき、井伊直政は上野・箕輪12万石、本多忠勝は上総・大多喜10万石、榊原康政は上野・館林10万石。

ところが酒井家次には下総・臼井4万石しか与えられなかったのです。家次が何らか失敗をしたわけではない。当然、忠次の功績を受けて、四天王筆頭として10万石以上はもらって良いはずなのです。ところが、半分にも満たない。なぜ？

本当は忠次を怨んでいた家康

このあたりのことを説得力をもって説明する論はないように思えます。そのためか、ぼくは、かなり古くからいわれていた俗説に妙に惹かれています。それは『常山紀談《じょうざんきだん》』に載っている。忠次が家康に「息子・家次にもう少し加増していただけませんか」と願ったところ、家康に「お前もせがれは可愛いか」と冷たくいわれ、力なく退出した、という話です。

天正7年（1579年）、家康の嫡子・松平信康は織田信長に自害を命じられた。このとき忠次は弁解の使者を務めましたが、信長との問答の中で信康を庇うことができませんでした。庇うことを一切しなかった、ともいいます。信康を助けられなかった家康は忠次を深く怨んだが、家臣団統制の観点から彼を重用し続けざるを得ませんでした。だが関東移転を良い機会とし、酒井家冷遇に踏み切ったというのです。

信康事件については現在もいろいろな説が出ていて、評価が定まりません。そこで客観的に史実を見ると、慶長9年（1604年）、酒井家次は上野国高崎5万石に移封。元和2年（1616年）、家康没後すぐに越後高田藩10万石に加増の上、移封。そのあと松代へ国替えののち、元和8年（1622年）出羽庄内藩14万石に移っています。つまり家康が亡くなるとその領地がどんどん増えて、ついに他の四天王家に遜色ないまでになっているのです。これだと、家康と忠次のあいだに、何かがあったと考えるのがリーズナブルではないでしょうか。

信康の無念の切腹と、忠次の冷遇。古い説に乗ると、あいつは頭が固いとバカにされるのですが、どうも両者は関係があるような気がしてなりません。それから、家康がすぐには忠次を遠ざけなかったことは、「忠義で精強な三河武士と家康の蜜月」、というイメージを疑う一因になりそうな気がします。この点については、別に論じようと思っています。

島津義弘《しまづよしひろ》

薩摩・大隅・日向を平定した名武将

朝鮮出兵や家中争いなど苦難続きだったが
島津兵の勇猛さで家康に島津本領の安堵を決定させた

朝鮮出兵では日本一の大遅陣

島津義弘は島津家を率いた武将です。父は島津貴久で、天文4年（1535年）に誕生しました。同母の兄が島津家の家督を継いだ義久で、2歳年長でした。

島津家は義久のもとで所謂《いわゆる》「三州統一」、薩摩・大隅・日向の三か国の平定を成し遂げます。さらに豊後の大友氏を圧倒し、九州を統一する勢いを示しました。その動きの中心にあったのが義弘で、各地を転戦して武功を重ねました。

天正15年（1587年）、大友宗麟の援軍要請を受けた豊臣秀吉は、20万を超える大軍を擁して九州に進んできます。義弘は日向根白坂にこれを迎え撃って奮戦しましたが、兵力差は如何ともしがたく、島津勢はついに降伏する。秀吉は島津家の存続を許し、薩摩と大隅を安堵しました。

このときに島津家の家督は義久から義弘に譲られ、彼は第17代の島津家当主になった、とされています。だが正式に家督相続がなされた事実は確認できず、義久はその後も島津氏の政治・軍事の実権を掌握していました。この後の義久と義弘の姿勢の相違については、ぼくは山本博文氏の解釈が説得的であると考えます。すなわち、実権を握り続ける義久は、薩摩・大隅のことが第一であって、中央の豊臣政権とはなるべく距離を置きたい。けれども、召し出されて大坂で生活していた義弘は豊臣政権の強大さを見せつけられ、秀吉の命令を受けざるを得ない。国元に中央の動向への対応を懇願しても、義久はなかなか応じてくれないので、義弘は間に立って板挟みになった、というものです。その好例が朝鮮出兵でしょう。

義弘は朝鮮で戦う兵を用意してくれ、と依頼しますが、義久の反応は鈍い。義弘は「龍伯（義久の法名）様のおんため、御家のおんためと存し、身命を捨てて」前線基地の名護屋に乗り込みますが、島津勢はやって来ません。

そのため、「日本一の大遅陣となってしまい、自他の面目を失った。無念千万である」

と書状をしたためています。

「やむなく西軍へ」は作り話か

だが、結局は秀吉の命には逆らえず、島津勢は一万人ほどで朝鮮半島に上陸して、大きな戦果を挙げています。

慶長3年（1598年）、秀吉が没すると、島津領に大きな動きがありました。伊集院氏による庄内の乱です。島津家の筆頭家老を務めた伊集院忠棟は軍事にも政治にも卓越した能力を示し、早くから豊臣政権への従属を説いていました。

秀吉の島津攻めに際しては、戦場にあっても戦うことをせず、積極的に降伏の手はずを整えた。彼のこうした行動が島津家の存続に繋がったと評価する研究者は少なくありませんが、当時の島津家中では彼はたいへんに憎まれていました。しかも豊臣政権はその伊集院氏に、日向・庄内の地に8万石を与えています。直臣の扱いをしたのです。これがさらに家中の不満を煽った。

忠棟を取り立てた秀吉が亡くなると、伊集院氏と島津本家との対立は表面化しました。義弘の子で義久の養子となっていた忠恒は、ついに慶長4年（1599年）3月、伏見の島津邸で忠棟を殺害しました。伊集院側は強く反発し、家督を継いだ忠真は領地の日向都城で反乱を起こしました。

島津家は鎮圧の兵を向けますが、伊集院の兵は精強で、戦いは長引くことになった。このため、関ヶ原の戦いに際して、島津家は十分な兵を上京させることができなかったのです。

慶長5年（1600年）、徳川家康が上杉景勝を討つために東国へ向かうと、義弘は家康からの援軍要請に応え、1千の軍勢を率いて伏見城（家康の拠点）に馳せ参じました。ところが、籠城していた家康家臣の鳥居元忠は、聞いていないと入城を拒否。そのため西軍総勢4万人の中で孤立した義弘は、やむなく西軍への参加を決意した、といわれます。

だがこれは、江戸時代に作られた説であるようです。実際にはすでに7月15日の段階で、義弘は上杉景勝に対して「毛利輝元・宇喜多秀家・前田玄以・増田長盛・長束正家・小西行長・大谷吉継・石田三成らは『秀頼様御為』にあなたに味方する。それに私も加わる」と書き送っています。すなわち、当初から反家康＝西軍に加わっていたと見られるのです。

「島津の退《の》き口」で戦場を離脱

関ヶ原の島津についての逸話で有名なのは、石田三成が義弘の進言を無視し、また蔑む行動をして、そのために義弘は戦意を喪失。関ヶ原の決戦では一切戦わなかった、というものです。

果たしてそんなことがあり得るのでしょうか。たしかに島津勢は少数だったが、味方は一人でも欲しい局面で、三成がわざわざ義弘の怒りを買うような行動に出たとは思えないのですが。それに「私たちは戦いません」と島津の方からは戦闘に参加しなかったとしても、東軍がそれに付き合う義理はないでしょう。

戦場にいるからには、戦闘に巻き込まれてしまうはずだと思います。結局、「島津の中立」も江戸時代に成立した説で、いわゆる「島津の退き口」以前の義弘がどういう戦闘行動を示していたのかは、今のところよく分かっていないのです。

西軍の主力が壊滅すると、島津勢は東軍の陣を突破するようにして、戦場を離脱する。この苛烈な戦いが「島津の退き口」と呼ばれ、高名は世に轟きました。義弘は多くの将兵を失いながら、何とか大坂にたどり着き、船に乗って薩摩へ退きました。

薩摩に戻った義弘は、軍を整えて国境を固めながら、徳川との和平交渉にあたります。

家康は9月末に九州諸大名に島津攻めの準備をさせたものの、攻撃命令を出せませんでした。関ヶ原に主力を送らなかった島津家にはいまだ本隊が健在です。島津兵の勇猛さ。加えて地の利。もし長期戦になったら、家康に不満を持つ外様大名がどういう動きに出るか分からない。そのため、家康は態度を軟化させ、11月12日、島津討伐軍に撤退を命令します。そして、慶長7年（1602年）に家康は島津本領の安堵を決定したのです。

島津の存続を成し遂げて、義弘は大隅の加治木に隠居します。隠居後は若者たちの教育に力を注ぎ、元和5年（1619年）7月に同地で死去。享年85。このとき、義弘の後を追って13名の家臣が殉死しています。波乱に満ちた生涯でした。

吉川広家《きっかわひろいえ》

毛利存続のため家康と通じた武将

黒田長政との友情を背景に毛利家を必死に守り抜き
のちに家康からも働きを認められ「熱海の湯」まで贈られた

自意識が強く才能豊かな三男

永禄4年（1561年）、大毛利の柱石である吉川元春（毛利元就の次男）の三男として生まれた吉川広家。幼少時は「うつけ」といわれ、父から礼儀作法を注意された書状が残っています。また当初、相続した所領が少ないことを理由として、20歳前後で他家の養子になろうとし、毛利一族の総帥・輝元に反対されて破談となりました。その後、羽柴秀吉（豊臣秀吉）の元へ、小早川元総（秀包。毛利元就の子で、小早川隆景の養子）と共に人質に出されました。元総は秀吉に可愛がられ豊臣家の大名として取り立てられましたが、広家はすぐに毛利家に帰されました。

広家は幼い頃から自意識が強く、時に自分をもてあます人物だったと見受けられます。才能豊かで、自己を恃《たの》むこと、すこぶる厚い。だが客観的には三男で、吉川家を継ぐことはできない。

なぜ自分が認められぬのか、世に出られぬのか。従兄たる毛利輝元の凡庸と比べ、歯がみしていたのではないか。本当に器の大きな人物なら、不満を腹に収めて驕らず、例えば秀吉の評価を待てただろうに、つい才走った行動を取ってしまう。それを秀吉には見透かされ、結局は立身の機会を逃して臍《ほぞ》をかむ。そんな繰り返しが、若き日の広家の姿だったように思います。野心に溢れた若手文系研究者にしばしば見かけるタイプです。

彼の人生が一変したのは、兄が亡くなったため。天正15年（1587年）に秀吉の島津攻めに従軍していた兄が死去したために、広家は吉川家を継ぐことになり、毛利家の先祖・大江広元から一字を受け、名も「広家」と改めます。

秀吉も所を得て活躍する彼を認め、翌年には豊臣姓と羽柴の名字や官位を与えました。天正19年（1591年）には月山富田城に入り、14万石を支配。文禄・慶長の役では朝鮮に渡り、働きました。

秀吉没後の関ヶ原の戦いでは、主君である毛利輝元が広家には相談せず、大坂城に入り、西軍の総大将に就任しました。徳川家康の勝利と見ていた広家は大いに慌て、独断で黒田長政を通じて家康と連絡し、毛利軍の不戦と毛利領の安堵、という密約を取り付けます。また長政の父の如水（官兵衛）は広家に対し、「日本がこの先どう変わろうと、あなたと私の友情は変わらない」と書き送っています。

「一切のお咎めなし」のはずが

1600年9月15日の決戦当日には、毛利家2万の兵は南宮山に陣取っていました。家康の本陣を背後から襲える情勢でしたが、毛利はついに動きませんでした。家康は広家が申し送っていた「毛利不戦」を前提に戦いを進めていたことが分かります。

もしも毛利が動いたら、前面の石田以下西軍主力、背後の毛利と、理想的な挟撃が実現したはずですが、その「もしも」は小説家の先生方にお任せするしかない。

関ヶ原での戦いのあとの大問題は、大坂城のことでした。かりに大坂城に西軍の残存部隊が入り、毛利輝元の指揮の下、豊臣秀頼を擁して戦えば、戦局はどう転ぶか分からないからです。実際に立花宗茂は、輝元に籠城戦を進言しています。

そこで家康陣営は黒田長政と福島正則の連名で書状を送り、「家康は毛利輝元を重んじている」と伝達します。輝元はこれを「毛利家に一切のお咎めなし」と読み、安堵して大坂城を退去。家康が大坂城を接収し、家康の勝利が確定しました。

ところが、ここで事態は一変。広家が仰天する通達が長政からもたらされた。「毛利領安堵の約束は、輝元がやむなく大将になった場合のみ有効。だが大坂城から発見された文書から、輝元は西軍の大将として積極的に活動していたと判明した。毛利家は改易を免れない」というのです。また、長政は広家の身を案じ、「貴殿の忠節は徳川様もよくご承知だ。毛利領のうち1、2か国を与えるべく、話が進んでいる。所領下賜のために呼ばれたら、直ちに参上すること。お供は数人で十分で、槍などは無用です。これは決して罠ではありません」と書いてきました。

広家は己の甘さを痛感したに違いありません。けれども本家・毛利をつぶすことだけはできない。そこで彼は長政に書き送ります。

「私に対する友情はあの世まで忘れません。ですが曲げて毛利家という家名を残して戴きたい。この度のことは輝元の本意ではないのです。『輝元が練れていない人間（要するにバカ）であること』は皆々様がご存知のことではないですか。輝元は今後、家康様に忠節を尽くします。万が一、輝元が徳川様に弓引くようなことがあれば、今度は私が、輝元の首を取って差し出します」

岩国3万石を与えられ善政を

広家のこの訴えに対し、家康は自らの名で、毛利家に周防、長門の2か国を安堵することと、輝元・秀就父子の身の安全を保障する旨の起請文を発行しました。周防、長門の2か国は広家が拝領する予定の国だったと推測されます。かくて、120万石の領地を誇った毛利家は、36万石に減封されますが、家名は残った。広家は岩国3万石を輝元から与えられました（高直しのあと、岩国領は6万石に）。広家はこの後、領国の法を制定し、大いに善政をしいて、岩国を栄えさせました（実高は10万石とも、17万石ともいう）。

問題はこの一連の動向をどう解釈するか、です。たとえば、黒田父子は初めから罠に嵌めるつもりで広家を利用した、と考えることもできます。広家はすっかり騙されたピエロだと。だが、これは後講釈だとぼくは思う。後に如水が亡くなると広家は丁重な弔問の使者を派遣しました。

広家が亡くなると、今度は長政が使者を送ってその死を悼んでいる。関ヶ原の前は黒田家は豊前中津14万石、広家も月山富田14万石。戦後は黒田家は筑前福岡52万石。広家は表高3万石。それでも確かに友情は変わりませんでした。

それからすると、広家は「黒田父子に騙された」とは思っていなかったのでしょう。広家は毛利家存続のために必死に働いた。黒田家はそれを助けた。家康も「健康に良いから」と熱海の湯を広家に贈っています。広家の働きを認めていたのです。

毛利家が何とか生き残った一件は、総帥の輝元が「家康を超える」という身の程知らずな夢を見たあと、ギリギリの交渉が続いた結果として実現したものと考えるべきでしょう。

第3章

戦国三英傑の才能を比べてみよう

徳川家康《とくがわいえやす》

信長・秀吉・家康 仕えるならだれか

信長はとにかく厳しそうだが秀吉は人たらしで優しいか？
家康はおもしろみに欠けるが関ヶ原での論功行賞を検証すると…

秀吉はアップダウンが激しい

信長・秀吉・家康。仕えるならだれにする？　そんなことを考えた歴史好きは多いはず。信長はとにかく厳しそう。失敗したら、クビが飛ぶ。信長の場合、これは比喩表現ではすみません。役立たずに生きる資格なし、とかいわれて、ホントに殺されるかもしれない。

秀吉は人たらしだから、優しい上司か、と思うとさにあらず。確かに思い切った抜擢をする。たとえば蒲生氏郷。

この人は初陣で兜首を取ってきた。すると信長はアッパレであるとほめたたえ、娘を与えた。信長の周囲には人質としてたくさんの子供たちがいたのでしょうが、氏郷くんは、才能がひときわ光り輝いていたのでしょうね。だから、初陣の手柄がお嬢さんの下賜につながった。

秀吉は氏郷を伊勢・松阪12万石の大名にした。それから奥羽を鎮圧すると、東北地方の押さえとして、会津42万石に抜擢しました。氏郷が期待に応えて伊達政宗の妙な動きにすかさず対応すると、今度は領地を大幅にアップ。92万石の大大名にします。うん、やっぱり秀吉は気前がいいや。

ところがです。氏郷はたぶん胃がんで40前後で亡くなる。跡継ぎの秀行はまだ元服前。すると秀吉は、子供に奥羽の押さえは荷が重い、と秀行から会津を奪います。しかも移るべき領地は近江でたった2万石。これはひどい。さすがに周囲が「そんなことをしたら、他の大名たちも、安心して殿下に忠節をつくすことをしなくなりますよ」と諫言。秀吉は思い直し、いったんは秀行は、父と同じ会津太守になるのですが、結局は宇都宮18万石に左遷されてしまった。

丹羽家でも同じようなことが起きています。丹羽長秀というと、信長の重臣で、安土城建設の奉行を務めた人。信長が没するころには、織田家中のナンバー5につけていました

（柴田、明智、羽柴、滝川の次）。本能寺の変の後は一貫して秀吉を支持。秀吉もこの先輩に感謝し、越前・北の庄ほか100万石を進呈しました。ところがところが。長秀が病没すると、子供の長重はまだ幼いということで、領地も家臣も奪ってしまった。長重は加賀・小松に移されて、10万石のみ。ひどいですね。こんな具合ですから、秀吉に仕えるのは、やはりたいへんです。

さて、残るは家康。この人はけちで有名。なかなか領地を増やしてくれません。でも、ひとたび与えていた領地を奪い取る、ということはない。その点、ホワイトです。だからぼくは、主君にするなら家康かなー。おもしろみには欠けるけれど、堅実です。こうじゃないと、将来設計が立てられませんしね。ちなみにライフネット生命の創業者でもある出口治明さんにうかがったところ、自分を試したいから、信長に仕える、と即答。やはり、才能に満ちあふれる方は違うなー、と我が身の菲才を恥ずかしく思いましたっけ。

福島正則や黒田長政は「倍増」

では家康は、どういうかたちで領地を与えていたのか。彼が大々的に土地の割り振りをしたのは、なんといっても関ヶ原の戦いの戦後処理、論功行賞ですね。これを具体的に見ていきましょう。

徳川家にプラスをもたらした大名には加増、歯向かった大名は減封。これがまず、大原則。領地の削減では済まなくて、取りつぶし、さらには石田三成や小西行長など、処刑された大名もいます。

東軍で先鋒をつとめた福島正則は尾張・清洲24万石から、安芸・広島49万石へ。倍増ですね。なお広島は西軍の主将であった毛利輝元の城でした。吉川広家に働きかけて、その毛利の軍事行動を封じ込めた殊勲者、黒田長政は豊前・中津17万石から筑前・博多52万石へ。日本第二の商都博多つきですから、彼はもっとも評価されたといってよい。国元にいて小西行長の宇土城を攻略した加藤清正は、北肥後25万石から肥後一国54万石へ。小西家の主力は関ヶ原に遠征していましたから、清正の戦いは、正直なところぬるい。それでもこの厚遇は、彼が秀吉恩顧の一番手と目されていて、それを取り込むという見え見えの措置でしょうね。

妻・ガラシャを失った細川忠興は、丹後・宮津12万石に、関ヶ原より前に先払いとして国東半島6万石を与えられていて、それが戦後に豊前・小倉（はじめ中津）39万石に。倍増ですから、ガラシャは以て瞑すべしかも。

こうした石高の変化を見ていくときに、はて、どうなのかな？と疑問に思うことがあります。それは全国の石高の数字。正確なデータを家康は持っていたのでしょうか。どうなのかな？ 10万石レベルの差異は把握していたでしょうけれど、一桁下の1万石となると、正直、分からなかったんじゃないかな。

こんな例もあるのです。それは奥さんの内助の功で有名な山内一豊。彼は遠江・掛川で約6万石。それが戦後、土佐一国の国主となり、石高は20万石に増えた。一豊は石田三成挙兵す、という報せが届いた直後の軍議（小山評定）において、真っ先に自分の居城である掛川城を丸ごと家康に提供する旨を発言。この申し出は家康をひどく喜ばせ、戦後の厚遇につながったといわれています。

山内一豊の功績評価に疑問が

ただし、家康の手元に確実にあったであろう慶長3年（1598年）、関ヶ原の戦いの2年前の数字では、実は土佐は一国で9万石に過ぎない。山内家が検地をしたら、おや、20万石あった、という話になります。そうすると、家康は一豊をどう遇しようと思っていたのか。土佐と掛川では土地の価値（京都周辺は当然高い）はさほどの違いはなさそうです。となると、①一豊の功績は6万石から9万石へ、あまり価値あるものと思われてなかった、②いや、一国まるごと、というところが大切だ。一豊は高く評価されていたから、細かな数字はともかく、「国主」という栄誉ある格が与えられた、と考えるべき、③家康の手元にはわりと細かなデータがあった。一豊は6万石から20万石へ、と3倍増の加増を得た。さあ、どれでしょう。うーん、正直なところ、よく分からないですねえ。あなたはどうお考えですか?

徳川家康《とくがわいえやす》

徳川の世に火事場泥棒はいらない

『蒙求《もうぎゅう》』を読んでいた家康は丁公の不忠は許さないと寝返った小大名を全く評価せず領地を削り取り潰しにした

勉学の第一歩として読まれる

唐突な質問で申しわけありませんが、『蛍の光』、唄えます？「♪ほたーるのひかああありまどのゆうきい」。あれ、次なんだっけ？とか？（笑）かつては卒業式に必ず出番があったこの歌、『仰げば尊し』もそうですが、唄われないことも多くなってきたんだそうです。

それで重ねて質問ですが、この歌詞の原典は？　どこかで見たことあるんじゃないかな。答えは中国の『蒙求《もうぎゅう》』という本。これに「孫康は雪をうつし、車胤は螢をあつむ」というトピックが載っています。諸葛孔明のライバルである司馬仲達の子孫が中国南部、江南の地に建てた王朝が東晋。この東晋の時代に貧しい孫康、車胤という若者がいた。貧乏なので油が買えない。

そこで孫さんは、雪明かりで、車さんは蛍を集めて、夜遅くまで勉学に励んだ。その結果として、二人はともに立身出世を果たした、というお話。それが「蛍雪の功」という故事成句になり、「蛍の光」の歌詞になったわけです。

『蒙求』は、唐の李瀚という人が歴史人物の逸話や行跡を集めて著した、中国の初心者向けの教科書です。日本には平安時代に伝えられ、鎌倉時代から江戸時代にかけて、武家・僧侶・町人にいたるまで、勉学の第一歩として読まれました。

また、リズムが良いので、暗誦されたようです。「勧学院の雀は蒙求をさえずる」という成句もあります。勧学院は平安時代、栄華を誇る藤原氏が一族の子弟の教育のためにつくった学校のこと。勧学院の周辺に遊ぶ雀は、学生たちが音読する蒙求の文章のリズムに親しんでいるので、学生の声にあわせてさえずるのだ、ということです。「門前の小僧、習わぬ経を読む」に近いかな。『源氏物語』『徒然草』『平家物語』、また歌舞伎の筋立てや川柳俳諧の世界に至るまで、この本の説話をヒントにした作品は数しれず。

さて、この『蒙求』に「丁公遽戮　雍歯先侯」という有名なトピックがある。音読みで

「ていこうきょりく　ようしせんこう」。丁公と雍歯は人名。訓読すると、「丁公はにわかにころされ、雍歯は先んじて侯たり」となるのかな。

　巨大な秦が始皇帝の死後に崩れると、数多の英雄が現れ、覇を競います。その中で頭角を現したのが、中国史上で有数の戦上手、新進気鋭の項羽。抜山蓋世とか四面楚歌とか、いろいろな故事のもとになった人物。でも彼には短所も多く、そこをついた老練な劉邦が結局は天下を取り、漢帝国を樹立するのです。

　さて、戦争が終結すると、楽しみなのは論功行賞ですね。俺はどんなご褒美をもらえるんだろうか。まさかあいつより下、ってことはないよな。気を揉んでいるのですが、これがなかなか決まらない。みんなが大満足、というわけにもいきませんし、バランスがありますので、まあ、仕方がありません。そうこうするうちに、話は妙な方へ進み始めた。全然褒美の話がないけれど、もしかして俺、粛清されるんじゃないか。疑心暗鬼から、宮廷に不穏な空気が漂い始めた。まあ、この辺は、あの中国ですから、さもありなん、という感じではありますね。

丁公は主君の項羽を裏切った

皇帝の劉邦が参謀の張良に尋ねます。なんだか最近、あちこちで数人が集まって、こそこそ立ち話をしているようなんだが、あいつらは何を話しているんだ？

張良は平然と答えます。ああ、あれは謀反を起こす話をしているんですよ。ええっ、なんだって！　そりゃいったいどうして？　いやあ、論功行賞の話が遅々として進んでいませんよね。俺らは命がけで働いたのに、陛下は褒美を下さらないのか。なら、いっそ謀反を起こすか、なんてね。彼らは陛下もご存じのように育ちが良くない単細胞ですので…。

おい、冗談じゃないぞ、どうにかせい。すると張良は真顔になって劉邦に尋ねました。「陛下が気に入っている者は誰ですか」「丁公だな。彭城の戦いでワシは危うく戦死するところだったが、当時は項羽の部下だった丁公がこっそり逃してくれたんだ」「なるほど。じゃあ反対に、憎くてたまらない、しかもみんながそれを知っているのは？」「おう、雍歯だ。お前も知ってるだろう。あいつには昔っから何度も煮え湯を飲まされてる。殺してやりたいが、功績を挙げているのも事実なので、がまんしてるんだ」。

張良は進言します。

「では、まず丁公を処刑してください。彼は陛下をわざと逃しました。つまり、その時点での主君である項羽を裏切っているのです。不忠を働く者はこうなるぞ、と明示してください。ついで、雍歯に土地を与え、諸侯にしてやってください。みんなは、あの嫌われ者の雍歯でさえ、功を積んでいるから侯に取り立てられた。忠節を尽くしているオレも、出世は間違いない、と安堵するでしょう」

劉邦がその言葉に従うと、確かに将たちは安心して褒美を待つ態度に変わり、ぎすぎすした雰囲気は解消されたのでした。ぼくが面白いなー、と思うのは、この話を徳川家康は確実に知っていた、という史実です。勉強熱心な家康は、初心者向けの『蒙求』を必ずや読んでいた。とすると、関ヶ原の戦いの後で大名たちに領地を配分するとき、家康は間違いなく丁公と雍歯のことを想起したでしょう。

4人の寝返りで西軍は潰走へ

関ヶ原の勝敗に大きく関わったのが小早川秀秋による裏切りですが、実は小早川勢の動向を見て、脇坂、朽木、赤座、小川の4人の小大名も東軍に寝返りました。西軍の大谷吉継は秀秋の裏切りには抜かりなく備えていたのですが、この4人の動きは計算外でした。そのため大谷勢は崩壊し、それが西軍の全面的な潰走につながっていく。つまり、この4

人の働きは実に大きかった、ともいえます。

でも興味深いことに、家康は彼らの働きを全く評価しませんでした。事前に内応を伝えていた脇坂だけには褒美を与えたのですが、朽木は領地を削られ、赤座と小川にいたっては取り潰しです。頼んだ憶えはない、ということでしょう。

徳川の世に火事場泥棒はいらない。丁公の不忠は許さない。家康は声を大にして、そう天下に示したのです。

戦国三英傑の軍略を国点検すると

信長・秀吉・家康の器量比べ

日本列島を統一しようと考えたのは信長だけだった
秀吉は「兵の運用」に長けたが家康は逃げる準備に集中した

武田の騎馬隊を馬防柵で制す

今回は日本史上で誰もが知る、戦国の三英傑、その才能比べ、といきましょう。ただし、分野を限定することにします。彼らは政治家や経済人や文化人でもありますが、第一義的に武将だった。ですのでここは軍事について、まとめてみましょう。おつき合い下さい。

先ずは織田信長です。最近の研究者は、織田信長は本質的にはごく普通の戦国大名だ、といいたがります。ぼくは大反対。信長を英雄と崇めたいわけではないのです。彼が他の戦国大名と異なる方向性を持ってなかったら、何で戦国時代は終焉を迎えるのか、説明できないから、です。

結論的にいうと、当時の武将のうちで、「日本列島を統一しよう、日本列島は統一されるべきだ」と考えたのは、信長だけだったと思います。でも今回はその議論は措いておき、軍事。これだけ見ても、信長は十分に革新的です。

彼がいくさで「新しさ」を発揮したのは天正3年（1575年）の長篠の戦いだと考えます。戦国最強といわれた武田家の騎馬隊を完膚なきまで打ち破った。鉄砲の三段撃ちだな。いや、そうではありません。三段撃ちの有無。それは極論すればどうでもよい。この戦いの後に、三段撃ちは再現されていませんから、1回こっきりでは話にならない。まあ、火力の集中利用がなされた、というまとめで十分です。

では信長はこの戦いで何をしたか。野戦築城。これがぼくの答えです。信長は兵に木の棒を持たせて戦場に向かわせた。いざ決戦の場となる設楽原に到着すると、信長はそれを以て大規模な馬防柵を築かせた。馬防柵とは、馬の突進を止めるための簡単な柵です。これなら人手があれば、すぐに作れる。結局、武田の騎馬隊は、突撃のエネルギーを柵によって止められてしまった。そこへ優勢な火力が使われ、壊滅した。いってみれば、武田勢は簡易ながら城攻めをしてしまった。

普通、城を攻めるときは攻撃側は防禦側の3倍の兵力が必要、が原則。それなのに織田軍3万8千、武田軍1万5千。これでは勝敗は明らかです。

平安時代の昔から、武士は自陣に木の板を並べて矢を防いだ。モンゴル戦では、石で防塁を作った。でも、戦国時代の万と万の大規模な戦いで野戦築城を試みたのは信長です。その手法は豊臣秀吉も柴田勝家も徳川家康も模倣した。賤ヶ岳の戦いで、羽柴・柴田両軍の武将はみな陣地を構築した。小牧・長久手の戦いでもそう。それは遙かな時を経て、塹壕戦になった。太平洋戦争では、歩兵は工兵を兼ねて、陣地を構えて米軍を待ち受けた。やはり信長の発想はすごい！

生身の人間2万人を連れ帰る

では秀吉はどうか。秀吉が野戦に持ち込んだのは、「兵の運用」という概念でした。秀吉が統率したのは、農民兵です。彼らは勝っているとがんばりますが、負けを意識したら、すぐ逃げる。指揮系統が寸断されれば命の危険は増大しますが、恐怖に駆られた戦いのアマチュア・農民兵は蜘蛛の子を散らすように逃げ始める。

ですからそうした兵をまとめて目的の場所まで連れて行く、これだけで至難の業です。

秀吉はそれを見事にやった。

　有名なのは、天正10年（1582年）、本能寺の後の「中国大返し」ですね。信長死す、の報を受けたときに秀吉は備中高松城を水攻めにしていましたが、すぐに毛利方と講和を結び、200キロメートルを7日で駆け抜けた。兵力は2万人、これを率いて畿内に戻ってきた。その余りの速さに明智光秀は驚愕した。時間があれば、光秀は畿内を平定したかもしれない。ですが秀吉の速度が常識外れだったので、去就を迷っていた勢力はみな秀吉に味方した。結局、秀吉と光秀の天王山の戦いは3万数千と1万数千の激突となり、光秀は滅びたのです。

　秀吉がどんなマジックを使って兵たちを逃がさなかったのか、それは分かっていません。褒美を与えた、大義名分を説いて聞かせた、鎧など重いものは瀬戸内海を舟で運んだ。まあ、色々工夫を凝らしたのでしょう。ともかく、生身の人間2万人を連れ帰った。これがすごい。

　光秀を破ったあとに秀吉は柴田勝家と戦います。このときも秀吉は兵を動かして勝ちに結びつけた。天正11年（1583年）、羽柴・柴田両軍は近江の北、賤ヶ岳で対峙した。両者はそれぞれ野戦築城を行い、ガチガチに防備を固めた。こうなると、先に攻撃した方が負けます（城攻めのとき、攻め手は3倍必要、の大原則により）。それで両者とも仕掛けられなくなった。

そこで秀吉はあえて美濃に動いた。美濃の織田信孝を討つために、賤ヶ岳から離れたのです。これを好機と見た柴田軍は秀吉の留守番部隊を強襲。羽柴方の中川清秀を討ち取ります。ところが秀吉はこの報せを受け、大垣から賤ヶ岳に猛然と進軍した。50キロメートルを5時間、というから、中国大返しを上回るとんでもないスピードです。結局、数でまさる羽柴勢は、戦場で柴田勢を撃破、勝家は北ノ庄に逃げるも、ここで自害することになります。

「兵隊は歩くのが商売」。この考え方は、軍隊にずっと引き継がれました。

このように、信長・秀吉は、軍事でも後世に影響する新境地を開いています。

平凡でも努力をし続けた家康

では家康は？　ありません。きっぱりと申します。ありません。彼の戦いは、勝てるときは勝つ。武田信玄みたいな優秀な戦国大名と戦えば負ける。ごくごく平凡です。いや、そういってはいけませんね。死ぬまで馬術と水泳の鍛錬を欠かさず、戦闘に敗れたら一目散に逃げる準備をして、死なない。生き残れば、挽回のチャンスが来るからです。そして勝てるいくさにきっちり勝つ。これが家康の合戦でした。

信長・秀吉はとんでもない才能を持っていて、家康は彼らから学ぶも、全体としては平凡ともいえる。でも、天下を取ったのは、努力し続けた家康なのです。ぼくたち凡人は信長や秀吉の真似はできません。彼らは特別な才能を持っているから。でももしかしたら、努力し続ければですが、家康にはなれるかもしれません。がんばりましょう。

毛利輝元《もうりてるもと》

徳川の世が終わると考えていた武将

元就の器量を受け継がず「練れてない」お坊ちゃまで豊臣秀頼の勝利を睨んで佐野道可事件を起こした

「毛利領は安泰」と読み違えて

美濃国・関ヶ原での戦いが終わった後も、徳川家康は大坂城に兵を率いて駐屯する西軍総帥・毛利輝元の動向に頭を悩ませていました。もしも輝元が西軍の残存部隊を城内に迎え、豊臣秀頼を擁して籠城戦を展開したら、面倒です。大坂城は天下の堅城。福島正則ら豊臣恩顧の大名は、秀頼と正面切っては戦えまい。そうなると、東軍の勝利に不安が生じます。

そこで家康は、黒田長政と福島正則に、輝元へ書状を届けさせました。内容は「家康さまは輝元どのを決して粗略には扱わない」というもの。輝元はなぜかこれを「毛利家の領土は安堵された」と読み、安心して城を出た。家康は直ちに大坂城に入って勝利を確定させ、論功行賞に取りかかった。毛利家は輝元の理解とはまるで異なり、領地没収を示唆されたが、吉川広家らの必死の嘆願があって、防長2か国の大名として生き残ることになった。

なぜ輝元は「輝元を粗略に扱わない」の文言を、都合良く「毛利領は全て安泰」と読み違えたのか。ぼくは、書状を届けた毛利家の重臣・福原広俊が口頭で「粗略に扱わぬとは、毛利領は全て安泰の意です」と伝えたのかな？　とも考えました。

だが広俊は毛利家の減封後も、重臣として政務に携わっています。もし主人・輝元を騙《だま》すようなことをしたら、さすがに失脚したでしょう。ということは、文意を勝手に読み替えたのは、やはり輝元なのではないか。広家は毛利を救おうとする必至の嘆願で「うちの殿は安国寺恵瓊らに騙されたのであり、徳川様への逆意はありません。うちの殿が『練れてない人』＝バカであることは、皆さん承知のことではないですか」と述べていますが、まさに輝元は「練れてない人」だからこそ、書状の真意を測れなかったのでしょうか。

毛利輝元（１５５３〜１６２５年）は毛利隆元の嫡男。父が亡くなると、祖父の元就の補佐を受け、11歳にして毛利家の当主となりました。彼の父の隆元は弟である吉川元春、小早川隆景に比べると、才覚の上で相当に見劣りのする人物でした、元就は不肖のこの息子を愛していたらしく、優秀な元春・隆景を本家に戻して毛利家を継がせるのではなく、隆元の忘れ形見である輝元を家督に据えました。

2人の叔父に懸命に支えられ

ただ困ったことに、輝元は元就の器量を隔世遺伝で受け継いではおらず、父に似て凡庸な人物でした。それでも元就は老体にむち打って、また元就の没後は優秀な2人の叔父が懸命に、この「練れてない」お坊ちゃまを補佐し続けました。おかげで豊臣政権下、毛利家は120万石に及ぶ大きな領地と、石見銀山の経済力と、豊臣五大老に2人（輝元と隆景）を送り込む政治力を保持することに成功したのです。

ところが、2人の口うるさい叔父が亡くなった後の関ヶ原の戦いにおいて、輝元は西軍の総帥の座につくという愚挙を犯しました。叔父2人は厳しく輝元を教育していたようだから、「どうだ！　オレはやれるんだ！」と祖父や叔父に胸を張りたい気分だったのかもしれません。

だが、海千山千の家康と、お坊ちゃまである自身の力量の差が認識できず、領地は大きく削られてしまった。それで「家康め、騙しおって。いつか目にもの見せてやる！」と拳を握りしめたならまだ見どころはあるのですが、どうもそうではないらしい。毛利家は鎌倉時代からの大量の文書を保管していましたが、そうした中で、ひときわ大切にされた文書がありました。

それは「毛利家に防長2か国を与える。輝元の身の安全は保証する」という家康直々の起請文でした。大切に扱ったということは、輝元はこれを屈辱のシンボルと見なしてないわけです。領地を削られても大名として生き残れたこと、切腹を命じられなかったことを、輝元は心から喜んでいる。泉下の祖父や叔父は、何とも情け無い、とがっかりしたでしょう。いや、苦労しらずの幸鶴丸《こうつるまる》（輝元の幼名）は成長せんのう、と呆れたでしょうか。

豊臣方に軍資金と兵糧を送る

毛利の家は存続した。輝元は生き延びた。それもある意味一定の成果なのだから、では今度こそ心を入れ替えて徳川に尽くすか。家の保全を願って、表向きは幕府に忠実にふるまうか。

ところが、ところが。輝元はそれもできないのです。どうにも腹が据わらずに、余計なことをしでかす。それが佐野道可《さのどうか》事件でした。豊臣が滅びた大坂の陣は、戦う前から勝敗は決まっていた。まだあまた残存した豊臣恩顧の大名の中で、大坂方に参じた者は誰一人いない。あの福島正則ですら、動けなかった。それを考慮すれば、豊臣秀頼の勝利などあり得なかったのです。ところが、輝元はそう考えなかったのです。徳川の世が終わるかも、と都合の良い夢を見たのでした。

そこで毛利家の一族の内藤元盛《もともり》に佐野道可という別名を名乗らせ、軍資金と兵糧をもたせて大坂城に入らせた。豊臣が勝ったときに備えたのです。理由は家康の老齢。大坂城が落ちぬ間に家康が亡くなれば、豊臣に心寄せる大名が裏切るかもしれない。すると、豊臣と徳川の勝敗はまだ分からない。だが、これはあくまでも机上の空論でした。家康が死んで徳川が弱体化する可能性と、毛利一族が大坂城にいることが明るみに出て謀反の嫌疑をかけられる危険。まともな知性を備えた大名なら、後者がより危ないと見るはずです。だが輝元は前者に賭けた。そして当たり前のように、賭けに敗れました。

死人に口なし。大坂の落城後、幕府が道可の身柄を押さえ、素性を調べるさなか、彼は自害しました。前もって因果を含められていたのでしょうから、戦いに生きる武士の定めとして、ここまではやむを得ないかもしれません。だが輝元は、事情を知らない（と主張していた）道可の2人の男子にも自害を強いた。毛利の謀反を詮索されぬための措置でした。

毛利は徳川に尽くします。もし輝元が妙な動きをしたら、私が輝元の首を取りますから、どうか毛利の家を残して下さい。関ヶ原後にそう必死に訴えて毛利家存続の道を開いた吉川広家は、この事件を知って激怒したようです。彼はすでに政治の表舞台から引退していましたが、これ以来、さらに領地の岩国に引きこもったといいます。ほとほと愛想が尽きたのでしょう。

前田利長《まえだとしなが》

家康に服従し「加賀百万石」を築いた

父・利家の方針を180度転換し母・お松の方を人質に差し出し、思い切った土下座外交で日本一の石高を得た

利家の代では「百万石」達せず

前田利長だって？「利家とまつ」の利家じゃなくて？　そういう疑問を持たれた方も多いでしょう。江戸時代随一の石高を誇った「加賀百万石」は有名ですが、利家の時代は前田家の所領は百万石に届いていない。父である利家の路線を強いリーダーシップを発揮して大きく改変し、徳川家康との関係を築き直して「加賀百万石」の礎を築いたのは、実は利長なのではないか、とぼくは思っています。

彼は永禄5年（1562年）、利家と母まつの間に生まれた。この夫婦には2男9女、11人の子がいたとされます（7～9女は詳細が不明）が彼は第二子で長男。

天正9年（1581年）、利家が能登国（ほぼ20万石）を与えられると、父の旧領たる越前国府中の一部を与えられ、3万3千石、府中城に住みました。信長の娘・永姫《くみ》（当時6歳）を室に迎えた。翌年に本能寺の変が起きると、父・利家と共に柴田勝家に与したが、賤ヶ岳の戦い後に秀吉に帰順しました。天正13年（1585年）、秀吉が越中の佐々成政を降伏させると、同国のうち32万石を与えられた（のち一国全て。ほぼ40万石）。父の利家は能登と加賀半分の大名であり、前田一族としてはおよそ80万石を領することになりましたが、利長は独立した大名であり、独立した家臣団を編成していました。

秀吉が慶長3年（1598年）に没すると、前田家家督と加賀の金沢領25万石ほどを譲られます。また翌年に父の利家が没すると、五大老の一人、また豊臣秀頼の傅役《もり》となる。なお能登20万石は同母弟の利政が受け継いでいます。

前田利家という人物の政治的な重みはたいへんなものだったようで、彼は懸命に徳川家康の専横を抑え込んでいました。また彼が生きている内は、豊臣政権は何とか一つにまとまっていた。だが彼が病没するや、その日のうちに石田三成と加藤清正らの衝突が起きる。家康はその抗争に乗じ、三成を失脚させました。

ついで家康が狙ったのが、大きな戦いを引き起こすことだったとぼくは考えています。

戦争を起こし、それに勝つことによって豊臣家から政権を奪取する。ライバルとの戦いを積み重ね、いつの間にか織田家から政権を掠め取った秀吉に学んだ方法論です。戦いは小競り合いではいけない。天下分け目の大戦でなくてはならない。そのための敵として家康に選ばれたのが、前田利長でした。

家康は前田に謀反の動きあり、として加賀征伐を呼びかけます。これに対し、前田家の意見は交戦、回避の二つに分かれますが、利長が選択したのは思い切った土下座外交だったといえる。父の利家は家康と張り合い、しかも成果を挙げていました。

徳川への従属派vs.豊臣応援派

だが利長は父の方針を180度転換したのです。重臣の横山長知を家康のもとに3度派遣して前田家の潔白を説明させ、母のお松の方を人質として江戸の家康に差し出す（江戸への人質第1号）こと、養嗣子・利常と家康の孫娘・珠姫（徳川秀忠の次女）を結婚させることを約束して、徳川家と友好関係を築きました。いや、端的にいうと、服従したといえるでしょう。

関ヶ原の戦いでは前田家は加賀国内の西軍勢力を討伐した。ただし大軍を率いて越前に入ったところで、なぜか急に金沢に帰還していますｰ。理由は定かではないのですが、能登を領する実弟の利政の動きが懸念材料になった、という話がもっとも納得できます。利政はどうやら西軍寄りの態度を示していたらしいのです。

戦後の論功行賞で、前田家は加賀を全て与えられました。また利政は能登を召し上げられたが、それも利長に与えられ、ここに加賀・越中・能登を領する「加賀百万石」が誕生した。新たに検地をして高直しを実施したところ、3か国で120万石。利長の跡継ぎの利常の代に越中10万石と大聖寺7万石の分家を創出。前田本藩は103万石、というのが幕府が把握している数字でした。

慶長7年（1602年）、金沢城内で横山長知が太田長知を暗殺する、という大事件が起きました。2人の諱《いみな》は奇しくも同じ「長知」であるが、横山は「ながちか」、太田は「ながとも」。それはそれとして、二人は大身の重臣でしたが、なぜこんな事件が起きたのか。おそらくは横山の背後には利長が構築した家臣団があり、太田には尾張以来の利家家臣団の後援があった。政治姿勢としては、前者は徳川幕府への従属やむなし派、後者は心情的には大坂の豊臣を応援したい派。利長は後者の動きを抑えるために、横山に太田を斬らせたのでしょう。

家臣団が割れる原因は、利長の後継にありました。利長には男子ができなかった。そこで利家が側室に産ませた利常を養子として跡継ぎにした。だが、正妻お松の方が産んだもう一人の男子、利政がいる。時間軸をからめて、いま改めてこの辺りのことを推測すると、①利長は利家が生きている内から、家康との協調を主張した、②家康何するものぞ、の尾張以来の家臣たちは、利長より利政に望みを託するようになる、③利家死去、④家康が加賀征伐を唱える、⑤利長の土下座外交、その一環として、徳川家の大切な姫を利常の妻とする＝利政ではなく、利常が後継者と明言、という流れになるでしょうか。

徳川秀忠の次女が金沢に輿入れ

斬られた太田はお松の方の甥といいます。お松の方は、能登を失って浪人した実子の利政が、もう一度世に出ることを熱望していました。尾張以来の重臣たちは、当然だがお松の方と深い絆がある。これらのことからすると、今までは賢夫人の誉れ高いお松の方が「家康に従え」と利長に指示し、自ら江戸への人質になった、といわれてきたのですが、実は違うのではないかと思えてきます。「親・徳川」を打ち出したのはあくまで利長であり、お松の方はむしろ、反対勢力のシンボルだったのではないでしょうか。

徳川秀忠の次女・珠姫はわずか3歳で金沢に輿入れした。利長は利常に早々に家督を譲り、富山に移った。徳川の婿となった利常を重んじる姿勢を内外に示したのでしょう。この後、彼は金沢に帰ることなく、越中から利常を後見し、大坂の陣が始まる直前、慶長19年（1614）年に世を去りました。

小早川隆景《こばやかわたかかげ》

司馬遼太郎先生の人物像に異論呈す

そもそも小早川という名前はどこに由来しているのか
毛利元就の「三本の矢」のエピソードから深層を読み解く

謹慎の意を込め早川に「小」を

関ヶ原で裏切りを断行し、徳川家康の勝利を決定づけた人物として、小早川秀秋はあまりにも有名です。そこで彼の真実の姿を見ていきたいのだが、その前にまず、小早川という家そのものの歴史や小早川隆景のことを見てみよう。

秀秋といえば、司馬遼太郎先生の『豊臣家の人々』における彼の人物像が、私たちに強い影響力を与えているように思います。一言でいえば、彼は「蝶よ花よ」と甘やかされたボンクラ、です。

作中、小早川隆景が悲壮な決意を固めます。彼の甥であり、毛利家の当主たる毛利輝元には、子どもがなかなか生まれませんでした。そこに目を付けた豊臣秀吉が、できの悪い秀秋を養子に押しつけようと画策していた。毛利家は鎌倉時代から続く名門です。その家をどこの馬の骨か分からぬ秀秋が嗣ぐなど、耐えがたい。私が預かるこの小早川家も鎌倉時代からの名門だが、背に腹は代えられぬ。小早川が犠牲となりこの子を養子として迎えるしかない。かくて、「小早川秀秋」が生まれた、というのです。

改めて考えてみると、小早川、という呼称は変わっています。普通、武士の家名は土地の名に由来するものですが、小早川という土地はない。早川ならばある。現在の神奈川県小田原市辺りに早川荘があって、小早川はそこから出ています。

武士はそもそも、繊細な生き物ではない。謙遜して自分を実力より小さく見せる、ということはしません。むしろ、大きく見せたがる。上杉の重臣の直江兼続の弟は伝統ある小国という家に迎えられると、小より大の方が良かろうと、家名を大国に変更し、大国実頼を名乗った。まあ、単純です。では、小早川は？

源平の戦いに、土肥《どひ》実平《さねひら》という人物が出てきます。土肥は西伊豆にもある地名なので間違われやすいのですが、実平の土肥は伊豆半島の東側、西相模の土地。湯河原や真鶴あたり。そこを領有していた有力武士が土肥実平で、幕府創業の功臣でした。

早川荘も彼の領地で、長男の遠平が受け継いだ。ならば早川遠平で良いのでは？　で、ここからはぼくの仮説だが、1193年に起きた曾我兄弟の仇討ちは、北条時政によるクーデターだったのではないでしょうか。実平はこれに加担して、失脚した。そのため相模の本領を失い、嫡男の遠平は中国地方に拠点を移した。土肥の家名は棄て、世を憚《はばか》るとか謹慎の意を込めて、早川にも「小」をつけて小早川を名乗ったのではないかと思うのです。

小早川氏が拠点を移したのは、安芸国の沼田荘。これは「ぬた」と読み、現在の広島県三原市にあたる。海に面しているという立地もあり、この荘園は鎌倉時代・室町時代を通じて経済的に栄えました。室町幕府に仕える武士の格式としては、一に各国の守護、二番が将軍の親衛隊ともいうべき奉公衆になるのですが、小早川氏はこの奉公衆に含まれ、しかも全国の奉公衆の中で三番目に強力だったという資料があります（一番と二番は尾張の中条氏と中国地方の庄氏だったはず。資料名失念）。

毛利家に勝るとも劣らぬ名門

一方、毛利家はというと、この家は鎌倉幕府の文官筆頭、大江広元の4男である毛利季《すえ》光《みつ》に始まります。季光は父と同じような文官としての道を歩まずに、武士になることを選択し、様々な合戦に参加して功績を挙げました。現在の神奈川県厚木市あたりにあった毛利荘（もしくは森荘。読みは「もりのしょう」だろう）に本拠を置き、この地を苗字の地としました。だが彼は1247年の宝治合戦で、妻の実家である三浦氏に味方して討ち死に。毛利家は何とか滅亡は免れたものの、全国各地に分散して細々と生き延びることになりました。その一つが安芸国吉田郡山の毛利家で、ここから毛利元就が誕生している。元就は次男の元春を吉川《きっかわ》氏に、三男の隆景を小早川氏に養子に出し、この二つの家を乗っ取ることによって毛利の勢力の伸張を図りました。

こう見ていくと、隆景は悲壮な決意を固めて毛利家のために小早川家を犠牲にした、と司馬先生は書いていますが、歴史からすると、小早川家は毛利家に勝るとも劣らぬ名門なのです。この辺り、どう考えれば良いのか。

毛利三本の矢、という有名なエピソードがあります。元就が三人の息子（毛利を嗣いだ長男の隆元、吉川元春、小早川隆景）に一本の矢を折らせると、難なく折れてしまった。だが、三本の矢はなかなか折ることができなかった。矢と同様、兄弟三人が協力すれば、毛利家は安泰だと訓戒を与えた、というものです。広島のサッカークラブ、サンフレッチェとは、三本の矢という意味だそうです。

このエピソードの元になった古文書が毛利家文書に残っています。元就の書状で、彼は実に冷静な観察を行っている。現在、毛利は広い地域で栄えているが、「(毛利家の本国である) 安芸国は申すに及ばず、この毛利家中においても、毛利のためにと心から思っている者は一人もいない」。だから「お前たちが頼りにすべきは、血を分けた兄弟だけなのだ。三人が仲違いしたら毛利は滅亡と心せよ。毛利の発展のために、仲良くせよ」。元就は書状（手紙）でそう説くのでした。

秀秋の養子は「小早川のため」か

すべては毛利のため。元春も隆景も毛利家の出身なのだから、当たり前だろう。そう思ってしまいます。だが、そうとも限らないのです。隆景は兄の隆元に対し、「私の部下にもっと実入りの良い土地を与えて欲しい」と何度も訴えています。それを父の元就は、おまえは小早川の人間だから、毛利家に口を出すな、と叱っているのです。

武士の観念からすると、大切なのは血の継続ではなく、家の存続です。ひとたび小早川家の人間になったからには、隆景にとって大切なのは小早川であって、毛利ではない。元春の吉川も同じである。だから、父の元就は「おまえたちは元々が毛利の人間なのだから、兄を守り立て、毛利の発展に尽くせ」と三本の矢の手紙で強調しているのです。

ではなぜ、小早川隆景は、秀秋を養子として迎えたのでしょうか。それは司馬先生が想定した「毛利のため」ではなく、純粋に「小早川のため」だったかもしれません。

「小早川秀秋」を誕生させた知略を追う

隆景は秀吉に恩を売れば毛利家の利益になると踏んだ
のちに秀秋は関ヶ原の戦いで「裏切り」の汚名を着せられるが

秀吉に重用され「豊臣直参」に

天正10年（1582年）、本能寺の変が起きた。織田信長死す、の情報を得た秀吉は毛利方にそれが伝わる前に和睦の交渉を行った。かつてはそういわれていました。だが、全てにアバウトな当時にあって、情報統制などできたのでしょうか。

毛利陣営も本能寺のニュースは知っていたとぼくは思います。その状況で秀吉は高松の城将、清水宗治の切腹を条件に毛利方と講和し、一路、畿内へと戻った。

毛利陣営には、当然、秀吉討つべしの声があった。だが小早川隆景は、ここで秀吉に恩を売れば、のちのち毛利の利益になると反対派を説得。秀吉の天下取りを間接的に後押ししました。毛利元就は「天下取りは無用」といい置いていたというから、その言葉に従ったのかもしれません。

天下人になった秀吉は、毛利家を厚遇した。所領は家康に次ぐ120万石。加えて石見銀山の領有も許された。家康の領地である関東は新しい給地であるうえに当時としては田舎。毛利家の中国地方は元就以来の土地で、しかも先進地域でした。

秀吉は毛利家のみならず、隆景個人も重用します。九州の筑前周辺に30万石もの土地を与え、隆景をいわば「豊臣直参」とした。秀秋（当時は秀俊を名乗っていた）の小早川家入りは、こうした状況下に実現しました。

彼を養子とすることによって、隆景の官職は中納言に上昇し、五大老の一人としての発言力も獲得したのです。豊臣家としては、秀頼の誕生によって秀秋は不用になっており、小早川家としては、秀秋を迎えて様々な優遇措置にあずかれる。「小早川秀秋」の誕生は、豊臣・小早川双方に、利があったのです。

そもそも秀秋は、天正10年（1582年）、秀吉の正妻・北政所の兄の五男として、近江・長浜に生まれた。3年後に叔父である羽柴秀吉の養子になり、北政所に育てられました。元服して羽柴秀俊（豊臣秀俊）と名乗り、丹波亀山城10万石を与えられました。諸大名からは関白・豊臣秀次に次ぐ、豊臣家の継承権保持者と目されていた。秀秋に取り入ろうとする大名は数え切れませんでした。

ところが文禄2年（1593年）、秀吉に実子・豊臣秀頼が生まれたことにより、彼は役立たずとなった。いや、むしろ秀頼の座を脅かす、有害な存在と見られた。翌年、彼は小早川家にいわば「臣籍降下」したのです。

文禄4年（1595年）、関白の任にあった豊臣秀次が粛清されるという悲惨な事件が起きました。秀次は秀頼の将来にとっての障害物と見なされ、一族皆殺しに処せられたのでした。

秀秋もかつての豊臣家の貴公子として秀次との関係を疑われ、丹波亀山領10万石を奪われました。

いいがかりで領地半減の左遷

彼の苦境を救ってくれたのは、養父の隆景でした。隆景は主な家臣を連れて備後国三原へ隠居しました。秀秋は小早川領30万石を相続する形で九州に下り、筑前国・名島城の城主となりました。名島城は商都・博多を防衛するための重要な城でした。

慶長2年（1597年）2月、秀吉の命によって朝鮮半島へ渡海します。同年6月、小早川隆景が没した。この日以降、名乗りを秀俊から秀秋へ改名しています。

庇護者である隆景がいなくなると、秀吉から秀秋へ、帰国命令が届きました。何回かの命令を受けた後に帰国した秀秋を待っていたのは、越前北ノ庄15万石への左遷命令でした。領地半減の理由は朝鮮半島での失態でしたが、秀秋は明確な罪を犯したわけではありません。

たぶん、いいがかりだろう。秀吉政権とすると、朝鮮半島への出兵の拠点として、博多を直接押さえておきたかった。だが、ただの国替えではなく、領地半減での左遷、というところに、秀吉の冷たい視線を感じざるを得ません。ずっと秀秋を補佐してきた付家老の山口宗永も切り離され、山口は加賀・大聖寺7万石の独立大名となりました。この調子ですから、もしも秀吉があと数年生きていたら、秀秋は北ノ庄すら取り上げられていたかもしれないと思います。

慶長3年（1598年）8月、秀秋には幸いなことに、秀吉が死去しました。ここで秀秋に救いの手をさしのべてくれたのが、徳川家康でした。家康は五大老と相談の上、秀秋を博多に返します。しかも新しい領地は筑前、筑後に50万石超と増加しました。

こうした軌跡を検分してみると、関ヶ原の戦いで、秀秋が西軍、すなわち豊臣方に加担する方がおかしいのです。実際に彼は、家康の拠点であった伏見城に入り、石田三成ら西軍と戦おうとした、という話もあります。

このときは家康の留守を預かる鳥居元忠に入城を拒否されたために東軍参加は見送られましたが、こののちも小早川勢は西軍としての活動をせずに近江の彦根付近に駐屯、関ヶ原の戦い前夜に松尾山に陣を布きました。

少年時代からの飲酒が死因に

このあと秀秋が西軍の大谷吉継の陣営に攻撃をかけ、それが西軍全体の潰走に直結したことは有名です。しかし、それを「裏切り」と斬って棄てるのは、酷なような気がします。戦後、彼は岡山55万石の大大名になりましたが、戦いの2年後に急逝しました。岡山での彼はなかなかの名君と伝わっています。

せめて人並みに生きて、自身の行動を説明できたら、「裏切り」の汚名も幾分晴れたかもしれません。だが、発言の機会は失われた。こうなると死人に口なし、悪口はいわれる一方です。ちなみに死因は、少年時から酒を大量に摂取したための内臓疾患（肝硬変など?）といわれています。昨今のどこぞの皇女さまの無軌道ぶりを思えば、豊臣の貴公子というストレスフルな立場が、度を超えた飲酒と関係していたのかもしれないと思ってしまうのです。

第4章

加藤清正は経済活動に長けていた

直江山城《なおえやましろ》　卓越した軍事の才能は過大評価だ

『天地人』や『真田丸』で文武兼備のイメージが強いが新潟出身・坂口安吾の直江論に影響された面が大きい

徳川家康を東西挟撃する作戦

兜に「愛」という文字の前立て。「春雁吾に似るか　吾雁に似るか　洛陽城裏　花に背いて帰る」（『常山紀談』に収録）の名句。若き日のぼくの中で、直江山城守兼続は文武兼備のヒーローでした。それはそもそも何でなのか、と回想してみると、『不連続殺人事件』で有名な人気作家、坂口安吾の直江論に影響されているのかもしれないな、と思い当たりました。

歴史に一家言をもつ坂口は『安吾史譚』というエッセイ（?）を昭和27年に発表しています。この中で彼は実に的確に歴史上の人物を語っていました。

もう少しあとに、当時の人物評を吸収した司馬遼太郎は「武田信玄・上杉謙信は世界史上にも滅多にいない、軍事の名人」と書きますが、そんな中で坂口は早くも織田信長の軍事の先進性に着目。「武田信玄がもう少し長生きしていたら織田信長は天下を取れなかった、とみんな言うけど、そんなことはない。ぼくは信長が勝ったと思うよ」と書いていたのを今でも鮮明に覚えています。

新潟出身の坂口は、郷土の英雄である上杉謙信、直江山城、真田幸村（幸村は若き日に上杉に人質になっていました）は軍略の師弟と捉えます。彼らに共通しているのは、その卓越した軍事の才能を、けっして我欲のために用いなかったこと。欲得に拘泥しない清潔な人柄の系譜の末には、同じく新潟県出身の山本五十六元帥が列なるとも指摘しています。

なかでも直江は「光風霽月の策戦マニヤ」であって、石田三成と図って、徳川家康を東西で挟撃する作戦を立案した。計画は見事にはまったが、石田が関ヶ原で敗れた。すると直江は潔く負けを認め、徳川家康に頭を垂れたのだ、としています。関ヶ原の戦いは直江と石田の共同企画の結果であった、という理解は、当時においてはたしかに支配的であったように思います。ＮＨＫの元祖・歴史番組『日本史探訪』の「直江山城」の回でも、どなたでしたか、お坊さんが出てきて、そうした話をされていた記憶があります。でも、研究が進んだ今は、そういうふうには誰もいわなくなりました。

石田三成は真田昌幸に手紙を出し、「上杉、伊達、佐竹が牽制するので、徳川家康は江戸をそう簡単には離れられないはずだ」と書いています。手紙は真田に西軍への参加を呼びかけるものなので、石田はもしかしたら西軍の優勢をいいたいがために、わざとウソの情報を届けていたのかもしれません。

あるいは、実際に、東の有力三大名家が江戸を攻める可能性があったのかもしれない。けれども、史実としては、伊達政宗は、一応は東軍に属したものの積極的には戦わず、佐竹義宣は去就を定かにせず、上杉景勝は直江山城に兵2万を預けて、北の最上家を攻めたのです。

長谷堂は堅城ではなかったが

直江山城、最上領へ侵攻。この史実をぼくは、史料編纂所に入ったばかりの修業時代に、学研の『歴史群像シリーズ』というムック本で知り、仰天しました。「策戦マニヤ」の直江山城であるならば、家康の東西挟撃を果たすために、会津から南下して江戸を攻撃すべきではないですか。ムック本は、徳川軍の再びの会津攻めに備えるために、北に領地を広げる目的があったと説明していました。

いや、それはあり得ないでしょう。徳川勢が再び奥州を攻めに来るときは、家康は西軍を破って新しい天下人としてやってくるのです。徳川勢には、関東以西の大名が付き従っているはず。

ならば、上杉がかりに奥州全域を占領していたとしても、勝ち目など、万に一つもないではありませんか。上杉が勝ちに行くには一か八か、全軍を以て南へ進軍して退却していく徳川勢の背後をつくか、さもなければ「やるべきことはやった」と、石田たちの勇戦を祈願して、戦いを止めるか。ともかく最上攻めは、天下分け目の戦いに関係しない、まったくの愚策だと思うのです。

いや、それでも華々しい戦果が挙がったのならば、まだしも、でした。ところが、直江は手こずった。どういうことかというと、山形城の少し南に長谷堂城という支城があり、上杉軍2万は1千人が籠もるこの小城を包囲するも、落とせなかったのです。長谷堂が天下に名だたる堅城、というなら、まだ分かります。

ところが城郭専門家から見ると、この城は縄張りからしてどう見ても並以下の城。さしたる特徴も無く、どうやってこれで大軍を迎えたのだろう、と首を傾げるレベルだそうです。

長谷堂城を攻めあぐねる直江の元に、石田方、関ヶ原で惨敗の報が届きます。上杉軍は米沢に退却。山形城の最上義光は攻撃を仕掛けてきますが、直江がみごとな撤退戦を行い、上杉勢はなんとか戦場を離脱。直江はやはりいくさ上手だ、との評価を得たといいますが、いや、何だか、今更でしょう。

朝鮮半島で戦ったときも文献を手に入れて帰国した、関ヶ原後に所領を30万石に減らされても家中の武士を解雇せずにやりくりをした、など、彼が「文」に優れていたことを疑うつもりはありません。でも、「武」はどうだったのかな。

兜の「愛」は戦いの神を表すが

そんな目で彼の人生を見直してみると、直江の指揮で上杉軍が勝利を収めた、という戦いはない、といっても良い。さらには彼の兜の「愛」ですが、これは人を愛する、ではない。戦いの神である愛宕権現、もしくは愛染明王への信仰を表すものだったようです。

うーん、策戦マニヤ、というからには、せめて並以上の戦上手ではあって欲しいものです。ともかく直江山城という人物への過大な評価は、歴史にロマンを求めるにしても、止めた方が良いようです。

そのうえで、なぜ上杉勢が北へ進軍したのか、なぜ長谷堂城を落とせなかったのか、もう一つ、関ヶ原の戦いのもともとの戦犯である上杉家を、なぜ徳川家康は取り潰さずに領土の削減（といっても120万石から30万石へ、という厳しいものではありましたが）で済ませたのか。こういったことにキチンと答えていくことが重要であろうと思います。考えを続けていくことにしましょう。

藤田信吉《ふじたのぶよし》　戦上手だが梯子を外された悲運の武将

新発田《しばた》重家討伐では獅子奮迅の働きで武功抜群だったが大坂の陣で家康の期待に応えることができず蟄居に

武田ゆかりの「信」を与えられ

前項で、上杉景勝に仕えた直江山城を取り上げました。彼とセットで紹介したい人物が藤田信吉です。直江ほど有名ではありませんが、今回は、この人の波瀾万丈の人生を追ってみましょう。

異説があって確実ではないのですが、信吉は永禄2年（1559年）に誕生した、藤田康邦の次男であるらしい。ただし、異説は、康邦の孫、もしくは甥、といいます。ともあれ藤田氏は武蔵七党のうち猪俣党に属する有力家。猪俣政行という平安末期の武士が、武蔵国の藤田郷（埼玉県寄居町）を本拠として藤田氏を称し、400年近く、勢力を保ちました。

小田原の北条氏康は四男の氏邦を藤田康邦の養子として送り込みました。由緒ある藤田家の乗っ取りです。康邦が病没すると、その長男は北条氏によって謀殺されました。そのため、信吉は天正8年（1580年）8月、武田家臣・真田昌幸の誘いを受け入れ、北条氏から離反。武田勝頼に仕えました。その後、武田家の上野攻略で活躍、沼須城（群馬県沼田市）の城主となり5千700貫の所領を拝領します。江戸時代は1貫＝2石なので、沼田あたりに1万石余を与えられたことになります。武田ゆかりの「信」字を与えられ藤田能登守信吉と名乗りました。

天正10年（1582年）3月の武田氏滅亡後は、上野・厩橋（後の前橋）にやってきた織田氏の重臣・滝川一益に仕えました。ところがここに本能寺の変が起きました。信吉は上杉景勝と連絡を取り、滝川に離反。沼田城を攻めたてましたが、駆けつけた滝川一益の軍勢に駆逐され、沼須城も失いました。滝川とは敵対。いまさら北条氏を頼るわけにもいきません。やむなく信吉は関東の地を離れ、越後に逃げ延びました。

作家の海音寺潮五郎は、今は忘れられている観がありますが、原史料も読みこなせる時代小説の大御所で、司馬遼太郎を早くに認めた方です。この海音寺先生は『天と地と』を書かれたことでも分かるように、大の上杉謙信びいきでした。

子どものときに同書にハマったぼくも、謙信びいきになりました。それで、NHKの日本史番組の草分けである『日本史探訪』の伊達政宗の回に海音寺先生が出演され、「関ヶ原の戦いのときに伊達政宗は上杉を攻めたのだが、当時の上杉勢の強さは別格で、伊達の軍勢は手も足も出なかった」なんてことを仰っているのを聞いて、なるほどなーと納得していました。

ところが、調べてみると、景勝の代になって、直江山城を司令官に据えた上杉勢はそんなに強くない。その端的な例が新発田重家の討伐戦です。重家は有力な武士でしたが、まあ越後の一人の武士であるに過ぎません。彼は会津の芦名、米沢の伊達、それに何より織田信長の名代である柴田勝家らと連絡を取って新潟城で挙兵しました。天正9年（1581年）のことです。重家は、柴田の兵がすぐに越後にやってくる。上杉はおしまいだ。早めに上杉に反旗を翻しておけば、織田からの恩賞は思いのままだ、という計算で立ち上がったのでしょう。

討手を放たれ進退窮まり浪人

実際、柴田勢は着実に越中を進んできた。上杉の本拠である春日山城はもう目と鼻の先。そんな状況ではあったのです。ところが本能寺の変が起きて、上杉家は命拾いをした。重家は越後国内に孤立した。ところが、です。勇猛なはずの上杉勢は、重家一人、討てなかったのです。

中央で秀吉が台頭し、上杉は秀吉と手を結ぶことができた。秀吉という後ろ盾を得て、ようやく重家の討伐に成功した。天正15年（1587年）になっていました。この重家討伐に獅子奮迅の働きを見せたのが、実は藤田信吉でした。調略を成功させ、芦名勢を打ち破り、五十公野《いじみの》城を攻略するなど、その武功は抜群でした。そうした働きにより、天正18年（1590年）の小田原征伐では上杉軍の先鋒を務め、上野・武蔵の北条方の諸城を攻略しました。それで、慶長3年（1598年）に上杉家が会津に移封されると、1万5千石の所領を与えられました。上杉の「武」を象徴する人物は、直江山城ではなく、藤田信吉でした。

秀吉が病没すると、天下取りに邁進する徳川家康は「大きな戦」を欲しました。まず目を付けたのが、前田家。謀反を言い立てられた前田利長は腹心の部下・横山長知を家康のもとに派遣し、必死の弁明をさせ、前田討伐を回避します。これが後の加賀百万石に繋がったことは、前に触れましたね。

次に家康が狙ったのが上杉家。ここで直江山城は「来るなら相手になってやる」といった。上杉を代弁する立場の人が感情を優先したらダメです。泥をすすっても、上杉を守らねば。ところが、前田の横山と同じ行動に出た人が上杉にもいた！　それが信吉でした。彼は家康のもとに急行し、景勝に謀反の意図はありませんと必死に訴えた。ところが直江は、そんな信吉になんと討手を放ったのです。二階に上がってハシゴをはずされた信吉は進退窮まって浪人しました。また、大徳寺に入って、僧になりました。

関ヶ原の後に直臣になるが…

しかし家康は信吉の努力をしっかり覚えていました。それで関ヶ原の戦いの後、信吉を呼び戻し、直臣に取り立てました。還俗して信吉は名を重信と改め、下野国・西方（栃木県栃木市）の1万5千石の大名になりました。

小なりとはいえ大名になった。これで終わればハッピーエンドだったんだよなあ。ところが思いもかけない事態が重信に待っていました。慶長20年（1615年）の大坂の陣、重信は上野・館林藩主の榊原康勝の補佐を命じられていたのですが、康勝は病を得ていて、戦いの後すぐ、若くして亡くなったのです。一説には痔が悪化して大出血した、とあります。まあ病では仕方がないのですが、長年の戦友である榊原康政の子、康勝を失った家康は激怒します。「いくさ上手のお前がついていながら何ごとだ！」という思いだったのでしょうね。それで重信は改易されてしまいました。全てを失い、中山道六十九次の一つ、信濃の奈良井宿に蟄居した重信は翌年に58歳で亡くなりました。自害であるといわれています。

加藤清正《かとうきよまさ》

武功よりもデスクワークに徹した武将

秀吉の縁戚だったため出世したという指摘もあるが
裏方の経済活動を見事にこなし一足飛びで大名に

「賤ヶ岳の七本槍」にも数えられ

通称は虎之助。熊本では現代でも、清正公《せいしょこ》さんと呼ばれ親しまれています。新田開発や治水工事に成功し、領民に人気があったためです。

永禄5年（1562年）、刀鍛冶・加藤清忠の子として尾張国中村に生まれました。天正元年（1573年）、羽柴秀吉の生母である大政所と母が従姉妹であった縁から、近江長浜城主となった秀吉に小姓として仕えます。このあと、いくつかの戦いに従軍しますが、大きな功績は挙げていません。彼が周囲に認められたのは22歳で参加した賤ヶ岳の戦い（秀吉と柴田勝家の戦い）です。山路正国という武将を討ち取る武功を挙げ、「賤ヶ岳の七本槍」の一人に数えられました。

なお、山路を討ち取ったのは八月一日（はずみ）五左衛門ともいいます。菊池寛は『日本合戦譚』で「直木三十五氏が、加藤清正は山路将監（正国）を討った以外、あまり武功がないとけなしていたが、山路将監を討ったと云ふ事も伝説に近いのである」と説明しますが、この指摘は見事にポイントを突いています（後述）。

もう一つ考えたいのが、清正が秀吉の親戚だったという話。福島正則にも同じような話があり、正則は秀吉の従弟に当たるといいます。加藤と福島というと、子飼いの中でもとくに出世した人物。ここに、秀吉の近親者だったから、という要素が入ってくるのか否か。

結論をいうと、ぼくは秀吉が、近親者だから出世させる、というような甘い人事をする人には思えません。宣教師フロイスによると、天下人になった後、秀吉母の大政所の息子、という若者が現れました。まさに「天正版・天一坊」ですが、大政所が挙動不審になったことからすると、あながちウソでもなかったらしい。でも秀吉は妙な血縁者がいまさら現れるのは争いの元、と判断したのか、その若者を処断してしまっています。

他に秀吉と縁戚というと小出氏、青木氏がいますが、小大名です。こうしたことからすると、清正や正則が昇進したのは、あくまで彼らの才能ゆえ。仮に多少の血の繋がりがあったにせよ、それは考慮に値しなかった、ということでしょう。

「賤ヶ岳の七本槍」。秀吉の弱点は、元からの家臣団がいないことです。信長も家康も、取りあえずは大名の子で、家臣がいた。お世話をしてもらうクラスの出身だった。ところが秀吉はお世話をするクラスの出身で、子飼いがいない。家臣団を一から作らないといけない。「賤ヶ岳の七本槍」というのは、羽柴家にはこんなに優秀な若者がいるぞ、という秀吉のアピール戦略だったような気がします。みんな一律3千石を与える、という破格の褒賞（福島だけ5千石）も、他者の目を気にした秀吉一流の演出だった。

補給活動や経済活動に従事を

それでここが実に興味深いのですが、清正はこの賤ヶ岳の戦いの後、最前線には出ていないのです。秀吉は天下人になるために戦い続けているのですが、清正はそうした戦闘に参加するといっても、槍働きはしていない。じゃあ何をしているか。デスクワークです。後方で補給活動、経済活動に従事している。だから荒武者というより、石田三成の仕事などに近い。それで先の直木三十五や菊池寛の指摘が生きてくる。二人の観察は、まさに正鵠を射ぬいているのです。

経済が分からないヤツは、大軍を率いる大将になれない。秀吉がそう考えていたらしいことは今までも何度か指摘しました。同じ七本槍の脇坂甚内（安治）は伊賀の代官に任命され、京都で使う材木を切り出して運べ、という指令を受けています。そういう仕事は私は不得手だから、戦場に連れて行ってくれ、と甚内が懇願しても、秀吉は許しません。しっかり木を切って運べ。それがお前の仕事だ、と。で、その仕事ぶりは秀吉を満足させるものではなかったらしく、甚内はようやく1万石を与えられ、後に3万石まで加増されています。でも、それだけ。

清正はこれに対し、みごとにデスクワークをこなして秀吉を喜ばせたようです。それで、天正16年（1588年）、佐々成政が失脚した後に肥後国の北半分、20万石の大名に一足飛びに任じられました。朝鮮出兵を見据えての人事で、大抜擢です。ただし、この後の朝鮮半島での軍事活動では、彼のせいではありませんが、相当に苦労します。それで、秀吉が死ぬまで加増はありませんでした。

清正の足踏みを尻目に、文官系の双璧、石田三成と増田長盛が躍進します。清正より後に領地を得たのですが、それは京都に近い近江・佐和山と大和・郡山で、石高は清正とほぼ同じおよそ20万石。そこを拠点に政権中枢に進出しています。

清正にしてみると、彼は経済は得意だし、むしろデスクワークが本領なので、出世競争で相当後れを取っている、と感じていたでしょう。このあたりが原因となって、清正と三成の不和が生まれ、豊臣政権にひびが入っていくのです。

慶長3年（1598年）、秀吉が死去すると、徳川家康に接近し、家康の養女を継室として娶っています。鹿児島で伊集院氏の反乱が起きると、清正は伊集院側を支援。これが家康を怒らせ、上洛を禁じられました。このため、清正は関ヶ原での戦いに参加していません。

54万石を与える大盤振る舞い

いや、家康にしてみると、最近の清正は自分に従順な態度をみせているが、いざとなれば豊臣の御為、ということでいかなる行動に出るか読めない。不安要素は国元＝肥後＝地方に縛り付けておこう、という辺りが本音だったのではないでしょうか。それで伊集院氏云々を口実に清正の妙な動きを未然に防いだのでしょう。

結局、清正は肥後にいて、肥後南部の小西行長の領地を併呑しました。小西の本隊は関ヶ原で必死に戦っていましたから、国元の兵はわずか。清正にしてみると、ぬるい合戦だったでしょう。でも、戦いの後、家康は清正の機嫌を取るように、肥後一国54万石を与える、という大盤振る舞いをしています。

慶長16年（1611年）、清正は熊本で死去しました。家康はこのあと、大坂の豊臣を滅ぼしにかかりますが、清正の死はその動きに拍車をかけたことでしょう。

立花宗茂《たちばなむねしげ》

朝鮮出兵で大活躍した日本無双の勇将

家臣の心を掴み最強部隊を率いたが関ヶ原の戦いでは決戦時期の予測を誤り戦闘に参加できなかった

誾千代と結婚し立花家当主に

前項の加藤清正と九州つながりで（いや、あまり関係ないか）、猛将として名高い立花宗茂を取り上げてみましょう。宗茂は永禄10年（1567年）8月18日、豊後国で大友氏の家臣の家に生まれました。2年後、父が高橋の名跡を継いだため、高橋家の後継者として成長しました。天正9年（1581年）8月、男児のなかった大友氏の重臣の立花道雪（本来は戸次氏で名族の立花氏を嗣いだ。彼自身は生涯、戸次を名乗っていた）が宗茂を養嗣子として迎えたいと希望してきました。父の高橋紹運は拒絶しましたが、大友の重鎮である道雪が強く希望したため、ついに息子を道雪の養子としました。

男児のなかった道雪は、一人娘の誾千代《ぎんちよ》に家督を譲っていました。よく女城主とか女大名がこの時代の話として出てきますが、「権力を持ち、実質的に家中を統率していた女性」はいたにせよ、正式に女城主となったのは、誾千代だけではないでしょうか。道雪が大友義統《よしむね》の許可を得て、本拠地である立花山城（商都・博多を守る城）や立花家伝来の武具などを彼女に譲っている文書が残っています。宗茂は誾千代と結婚し、代わって立花家の当主となりました。

一時は九州9か国のうち6か国までを支配下に置いた、といわれた大友氏ですが、薩摩・島津氏の攻撃にあい、勢力がどんどん衰退していました。その中で北九州の防衛を任されていたのが立花道雪で、高橋紹運らとともに、筑前・筑後を転戦し、大友氏を支えていました。青年期にあった宗茂も、そうした養父や実父・紹運とともに幾度も戦場に赴き、戦いの中で成長していったのです。

天正13年（1585年）9月、道雪が病死します。すると翌年、島津氏は島津忠長らを大将として、大軍を北上させ、筑前に侵攻してきました。実父・紹運は岩屋城で徹底抗戦の末、600名の城兵とともに討ち死にしました。このときすでに豊臣秀吉が島津氏討伐を全国に宣言していましたので、自分が少しでも時を稼げば、立花山城にいる宗茂は秀吉の援軍を受けられるだろう。紹運の心中を、ぼくはそう推察します。

宗茂が立花山城で防御戦を行っているうちに、秀吉の命を受けた軍勢が続々と九州に上陸。宗茂は一転、攻勢に転じます。秀吉は宗茂を高く評価し、島津氏を降伏させた後、筑後国柳川の城主に取り立てました。石高は10万石ほど（検地の実施により、多少のばらつきがある）。立花家は大友の家臣から、秀吉の直属の大名になったのです。もっとも、大友氏と立花山城から離れたことを誾千代は快く思わず、このことが夫婦の不和に繋がった、という見方もあります。

指揮官の陣頭指揮で士気向上

このあと、秀吉の戦いに従軍し、奮戦しました。一連の戦いの中で、久留米に10万石ほどの領地を持つ小早川秀包と義兄弟の契りを結んだといいます。秀包は毛利元就晩年の子で、毛利一門の中では吉川元春と彼が、もっとも軍事の才に秀でていました。兄の小早川隆景の養子となり、豊臣家から秀秋がやってくると別家を立てました。義兄弟云々は物語の域を出ないのかもしれませんが、二人の軍事的連繋は大きな成果を挙げました。

秀吉の朝鮮出兵が開始されると、宗茂は渡海して戦いました。とくに文禄2年（159

3年）の碧蹄館の戦いは、李如松率いる明軍主力との合戦になりましたが、宗茂は秀包とともに大戦果を挙げ、勝利に貢献しています。その戦いぶりは評判となり、小早川隆景は「立花家の3千は他家の1万に匹敵する」と評価し、秀吉からも「日本無双の勇将たるべし」との感状を拝領しました。

立花勢の強さはどこにあるのか？　一つ気づいたことは、立花家の将校（小隊長クラス）の戦死率が高いのです。彼らは「オレに続け」と攻撃の先頭に立ったのではないか。現代戦だと、中隊規模（兵は多くて200名くらい）までは、指揮官の陣頭指揮は兵たちの士気を挙げるのに効果的である、と考えられている。とすると、立花勢は小隊長が果敢に前に出たために強く、反面、彼らに犠牲が多かったと推測できます。加えて、ではなんで彼らは命を惜しまずに戦ったのか。それは結局は、宗茂が家臣の心をがっちりつかんでいたからではないでしょうか。

秀吉が亡くなって関ヶ原の戦いが起きると、家宰の薦野《こもの》増時（道雪時代からの立花家の重臣。のち黒田家に仕官し、道雪の墓の隣に葬られた）からは「西軍に勝ち目なし」と進言されますが、「勝敗にこだわることはしない。秀吉公の恩義に報いたい」と増時を柳川城の留守に残し、西軍に参加しました。

慶長5年（1600年）9月15日が関ヶ原の戦いですが、この直前に宗茂と小早川秀包は、東軍・京極高次の大津城を攻めています。立花・小早川勢はみごとに一週間ほどで大津城を落とすのですが、落城がまさに9月15日。宗茂と秀包は関ヶ原での戦闘に参加していません。

なぜ最強部隊を大津城などに向かわせたのか。可能性は三つあると思います。①立花・小早川が強いというのは江戸時代のフィクションで、実は平凡だった。②石田三成は戦術を分かっていなかった。③西軍は東軍との決戦をもう少し遅い、例えば10月ごろと予測していた。

所領没収も秀忠に気に入られ

立花隊の戦績からして、①はまずない。とすると②？　でも三成には島左近らブレーンがいたし、大谷吉継ら西軍諸将もいる。三成がいくさ下手でも彼らが何とかするのではないか。でも、否定はできません。ぼくは一応③を考えています。あと何週かで立花隊は帰還できた。そうした史実を元に、関ヶ原の戦い全体を見直してみる必要があるのかもしれません。

それはさておき、西軍は敗れました。宗茂は所領を没収されました。普通ならば、ここで終わりです。ところが宗茂は違った。家臣の心をつかんだ彼の人柄は、2代将軍・徳川秀忠にも気に入られ、少しずつ所領を与えられた。そしてついには、柳川領を回復したのです。でもそのときには、妻の誾千代も、友の小早川秀包も病没していました。世の変転を、宗茂は噛みしめたのではないでしょうか。

京極高次《きょうごくたかつぐ》

武勇も根性もないと軽侮された武将

大津城籠城で立花宗茂・小早川秀包という精鋭部隊を関ヶ原から隔離した武功はもう少し評価されてもよい

あと一日持ち堪《こた》えていれば…

前項の立花宗茂は勇将として広く知られていましたが、肝腎な関ヶ原の戦いには参加していません。それは石田三成ら西軍首脳の命令を受けて、京都近くの大津城を攻めていたから、と説明しました。そこで本項ではその大津城に立て籠もっていた武将、京極高次を取り上げましょう。ぼくは昔から歴史小僧で、関ヶ原の戦いをテーマにした様々なムック本に親しみました。そこでよく指摘されていたのが「あと一日がんばっていたら、広大な領地を貰えたのに。京極高次は運がないな、というか、武勇も根性もないなあ」というもの。彼を小馬鹿にしたような筆致が定番でした。でも、長じて自分でデータに当たれるようになったぼくは、「そうなの?」と首を傾げました。

どういうことか。高次はずっと西軍として行動していました。ところが9月3日、大津城に籠城し、東軍に鞍替えする旨を内外に示します。驚愕した西軍首脳は、討伐の兵を差し向けました。大将は毛利元康（毛利輝元の叔父）で総勢1万5千、抜群の指揮官たる立花宗茂・小早川秀包も参加していました。7日、開戦。13日には総攻撃開始。高次自身も応戦して2か所に槍傷を受けます。三の丸、続いて二の丸が落ちる。14日、寄せ手は降伏を勧告。高次はこれを受諾。15日朝、僧侶の姿になった高次は城を出て、高野山に。大津城は落城しました。

ところが、この9月15日はまさに関ヶ原の決戦のあった日。高次があと一日がんばっていたら、関ヶ原の敗戦を知った寄せ手は攻撃を止めたろう。そうしたら、大津城を守り抜いた高次はまさにヒーロー。褒美は思いのままだったに相違ない、というのがムック本の説明でした。

違うんじゃないかな?　とぼくは思ったのです。城は落ちた。高次は華々しく討ち死にしないで、坊主の姿になって降伏した。それは武士としては、みっともないと思われたかもしれない。でも彼はみごとに1万5千もの兵力と、立花宗茂・小早川秀包という精鋭部隊を関ヶ原から隔離した。これは間違いないのです。やっぱり大殊勲じゃないですか。家康ならそこを考慮してくれたんじゃないか。

じゃあ、とにもかくにも、高次への褒賞を見てみましょう。高次は高野山から呼び戻され、武将の姿に戻りました。そして若狭一国を与えられたのです。おお。国主になったのですね。やっぱり家康は高次に厚く報いたんだ！　で、石高は8万5千石。あれ？　たいしたことないな。

ああ、そうだ。若狭といえば京都の後背地。京都への物品は若狭で水揚げされて運ばれる。若狭は重要な土地なんだ。銀座で10坪と地方で100坪。だれしもが銀座で10坪を欲しがる。だから若狭で8万5千石は重いんだ。

「ほたる大名」と陰口を叩かれ

いや、けれど高次はもともと大津6万石。大津はもっと京都に近いよな。それにこれから武家の中心は江戸になるし。やっぱり、たいしたことないのかな？

まあ、考えてみれば、関ヶ原後の家康にとって、褒美とする土地はきわめて大切なのです。豊臣大名の心をつかんで徳川大名とするために、恩賞にする土地は、あればあるほどよい。だから、家康にしてみれば、高次の行動の価値は痛いほど分かっているけれど、知らない振りをするのが得策だった。鳥居元忠殿は伏見城で死ぬまで戦い抜いた。あれこそ天晴れ武士の姿ぞ。それに比べて高次殿は坊主にまでなって降ったという。恥をさらして命冥加なことよ。そんな評判が武将界隈ではあったでしょうから、ここはそれに乗ってしまおう。褒美は若狭一国で十分、十分。家康の心情を忖度すると、そんなところだったと思われます。

もう一つ、こうした処遇の根底には、日ごろの高次への評判が関係していたような気がします。性格が高潔とか戦場で勇敢とか、彼がそう認識されていたら、家康の評価はもっと別のものになったのではないでしょうか。

京極高次は永禄6年（1563年）、京極高吉と浅井マリア（浅井長政の姉）の長男として、浅井家の居城・小谷城で生まれました。京極家は鎌倉以来、名門の中の名門です。成り上がりの浅井家としては、色々な利用価値を考慮して抱え込んでいたのでしょう。ですから、淀殿ら浅井三姉妹と高次は、いとこになります。

元服して父の跡を継いだ高次は織田信長に仕えます。本能寺の変後は妹・竜子の婿、武田元明（若狭国主の後裔）とともに明智光秀に味方し、光秀が没落すると、お市の方が再嫁していた柴田勝家の庇護を受け、勝家が滅びた後に秀吉に仕えます。このあたり、高次の「時世の読めない様子」がよく現れていますね。

彼の妹の竜子は抜群の美人で、秀吉の寵愛を受け、側室・松の丸殿となりました。そのため秀吉から厚遇され、やがて大津に6万石。淀殿の妹である初と結婚しました。高次自身にさしたる武功があったわけではなく、京都近くに領地を得たことは、もっぱら松の丸殿や淀殿の「推し」があってのこと。それで彼は、夜の閨閥、女性の尻の光で出世した「ほたる大名」と陰口を叩かれたそうです。

褒美はわずか8万5千石だが

ですから、周囲がすべて西軍の中で大津城に東軍の旗を立てたことは、ほたる大名なりの、一世一代の意地の見せ所だったのでしょうね。ほたる大名如きが我々をよくもたばかった！　西軍諸将はそう激怒したから、後先を考えずに立花宗茂らに大津城攻略を命じたのかもしれません。まさに「鶏を割くに牛刀を用いる」悪手です。それで大津城は短時間で踏みつぶされた。しかも高次は命ばかりは、と降伏した。このあたりが、ほたる大名のほたる大名たる所以でしょうか。

それでも客観的には、彼の功績はとても大きなものです。くり返しますが、兵1万5千と立花宗茂・小早川秀包を西軍から引き離したのですから。それなのに、褒美は若狭8万5千石。敗戦後に隠れていた石田三成一人を捕縛した田中吉政が三河・岡崎10万石から筑後・柳川（立花宗茂の居城）で32万石に躍進していることなどを見ると、もう少し評価されてもバチは当たらない。やはり高次は、軽侮されていたのでしょう。

福島正則《ふくしままさのり》

武力で貢献した秀吉子飼いの出世頭

**秀吉没後は家康を選択して会津征伐にも従軍したが
豊臣家が滅びた後は幕府に処断され領地を奪われた**

葬儀に秀頼の名代として出席

今回はもう一度、福島正則を論じようと思います。前回、正則を取り上げたとき、「正則＝優秀な武将」説を唱えました。正則はテレビドラマや小説では、豪快ではあるが、直情的で、合理的な判断が苦手な武将という役どころです。でも、それは誤りだ、としました。今回もその結論に変わりはないのですが、豊臣秀吉の血縁ということを考慮しながら、正則の立場を考えていきたいのです。

最近、豊臣秀吉の近親がどうにも気になり出しました。元々が農民の出である秀吉の血縁者ということになると、信頼の置ける系図が使えません。そうした難点を覚悟した上で、秀吉と血の繋がりがある、といわれる武将を挙げてみると、次のようになります。

・福島正則　母は大政所の妹　秀吉と正則はいとこ
・加藤清正　母は大政所といとこ　秀吉と清正はまたいとこ
・浅野長政　妻同士が姉妹
・青木一矩　北ノ庄城主（8万石とも20万石とも）　母が大政所の妹
・小出吉政　母は大政所の妹　有子山城主　岸和田城主（6万石くらい）

秀吉の人事は能力重視、それも槍働きよりデスクワーク重視だと見つけましたので、農民出身の秀吉であればこそ、「血縁者」の出番は無いのかな、と思っていました。当時の農民では教育を受けるチャンスがなく、デスクワークは、きついでしょうから。ですので、右に挙げた人々の「秀吉の血縁者」アピールは、信用できないな、と思っていたのです。

ところが、青木紀伊守一矩（名は重吉、の説あり）については、秀吉の手紙に「われらおばのきのかみは丶」＝「我ら叔母の紀伊守の母」＝「私の叔母の、紀伊守（一矩のこと）のお母さん」の文言がありますので、彼が秀吉の従弟であることは間違いないらしい。

そうすると、秀吉の葬儀に於いて、一矩と福島正則が、秀頼の名代として出席していることが俄然、気になります。一矩と並び立つ正則は、秀吉の従弟と考えて良いのではないか。秀頼とも血の繋がりがあるからこそ、名代を務めたのではないでしょうか。

正則の経歴は以前まとめましたので簡潔に。秀吉の小姓200石から、明智光秀との天王山の戦いで500石。賤ヶ岳の七本槍に数えられ、ただひとり5千石を得ます（他は加藤清正以下、みな3千石）。天正15年（1587年）の九州平定の後、伊予・今治11万石。これは同年代の清正や三成に先んじています。ただし天正16年（1588年）に肥後国領主となった佐々成政が失政により改易されると、加藤清正が肥後北半分、小西行長が南半分、それぞれ20万石ほどを領します。正則に倍する領地です。清正と行長の肥後への配置は朝鮮出兵を見据えてのものといわれますので、この時点では清正、行長の方が、少なくとも軍事的才能においては、正則よりも上、と秀吉は評価していたのでしょう。

織田家本来の所領を与えられ

文禄4年（1595年）という年は、秀吉子飼いの武将たちが、一挙に領地を加増された年でした。その1年前の浅野長政も加えると次のようになります。

・浅野長政（1594年）甲斐国主20万石余り

・石田三成　近江・佐和山20万石余り
・増田長盛　大和・郡山20万石余り
これに加えて、
・福島正則は尾張・清洲24万石余り

これで、秀吉の子飼い武将の、領地による序列はほぼ定まりました。領地の価値は京都・大坂に近い方が上ですので、文官の双璧が石田三成と増田長盛。浅野は大きな所領を獲得したが甲斐にとばされた。朝鮮の戦場で活躍する武官としては、加藤清正、小西行長が肥後半国ずつ、20万石余りで並んでいます。戦場の武官とはいえ、加藤清正は本来、デスクワークが得意であったし、小西行長は朝鮮との外交に於いてきわめて重要な立場にあります。二人とも、「槍働きだけ」の武将ではありません。

正則はこうしてみると、武官の中の武官といえるでしょう。戦場での活躍で子飼いの中で一番（僅差ですが）の領地を与えられた。しかも場所は秀吉の生まれ故郷であり、織田家の本来の所領でもありますので、価値は高い。正則こそは秀吉子飼いの出世頭といっても過言ではないでしょう。

そこで思い出すべきは、秀吉との血縁です。血縁だから取りたてる、などという甘さは、秀吉は持っていなかった。でも能力ある血縁、というのなら、そこは優遇したい。福島正則は、武力での貢献を認められるかたちで、子飼い随一の地位を築いたのです。また、繰り返しになりますが、20万石レベルの領地を獲得した武将の中で、武功のみでそこに到達したのは、正則一人だったのです。

そうしたことを踏まえると、秀吉没後の正則の行動が良く理解できるようになる気がします。秀吉は大名同士が勝手な縁組みをするのを禁じていましたが、勢力を広げたい徳川家康が、真っ先に縁組みを申し入れたのが正則でした。しかも実の娘は二人とも嫁いでいたので、弟の娘（つまり姪）を養女として、福島家に送っています。

関ヶ原の本戦では「一番槍」を

正則の方も、生き残りをかけて家康を選択しました。自身が豊臣の血縁であることを意識し、他者に先んじて家康に近づき、家康の会津征伐にも積極的に従軍しました。それでも関ヶ原の戦い前、石田三成は真田昌幸に宛てた手紙の中で、「清洲城の正則はこちらに味方するはずだ」と書きました。三成にしてみると、行き違いはあった。でも結局、正則は太閤殿下の身内なのだから当然味方するだろう、と考えていたのではないか。正則が関ヶ原の本戦に於いて、異様に「一番槍」にこだわったのも、自分の立ち位置を確保したかったからでしょう。

大坂の陣で豊臣家が滅びた後、正則は罠に嵌められたようなかたちで領地を奪われました。他に例を見ない、あからさまな幕府の処断でした。それが福島正則の、遁《のが》れがたい運命だったのでしょう。

後醍醐天皇と児島高徳　中国史に見る「君臣の交わり」から

『太平記』の編者ともされる備前国の児島という武士は後醍醐天皇を助け出そうと中国・春秋時代の漢詩を書きつけた

教育でも「三つ子の魂百まで」

今回は南北朝時代、さらに中国史のことを書いてみようと思い立ちました。後醍醐天皇という方は、戦前では神でした。皇国史観華やかなりし時期には、天皇の建武政権を破滅させた足利尊氏は日本史上第一の大悪党で、うっかり「足利尊氏は再評価に値する」と書いた中島久万吉商工大臣は、貴族院で猛攻撃を受けて、大臣を辞任せざるを得なくなりました。このヒステリックな感じは、現在の風潮に似ていますね。なにごとにつけ、冷静な議論こそが必要だと思いますが。

戦後になって皇国史観が退場し、足利尊氏が再評価されても、後醍醐天皇は基本的に

「改革を志した英傑」のままでした。3年持たずに瓦解した建武政権は、通常なら「ダメな」政権とレッテルを貼られるはずなのに、「天皇の施政は進歩的だったが、愚かな武士にはその良さが分からなかった」という感じの研究が、唯物史観を信奉する先生たちの間でも続いたような気がします。

ぼくはこれは、「三つ子の魂百まで」、幼き日に受けた教育は、そのあとの教育の如何に関わらず、心の奥底に残り続けるからじゃないか、と勝手に解釈しています。後醍醐天皇の政治についての評価はさておいて、天皇がともかく信念の人、果敢に行動する人であったことは疑いがない。第1回の鎌倉幕府打倒計画、「正中の変」は、情報が漏れて潰された。

でも天皇は「朕は無関係である」と強く主張して、幕府はこれを受け入れました。そして、これくらいでは天皇はくじけない。元弘元年（1331年）、第2回の倒幕計画「元弘の変」を引き起こし、笠置山に挙兵。ところが幕府に捕縛され、翌年に隠岐島に流されることになりました。

備前国児島郡に児島高徳という武士がいました。彼は後醍醐天皇に心を寄せ、隠岐島への道中で天皇を助けようと画策しましたが、警護が厳しくうまくいかない。やむなく、美作国院荘の天皇の宿所の庭に潜入し、桜の木を削って「天莫空勾践《こうせん》　時非無范蠡《はんれい》」（天は越王・勾践にしたように、決して帝をお見捨てにはなりません。きっと范蠡の如き忠臣が現れ、帝をお助けする事でしょう）」と書き付けて、天皇を感激させた。なお、警備の幕府兵は何が書いてあるのか、全く読めない、理解できない風情だったそうです。

「天莫空勾践　時非無范蠡」は、「天勾践ヲ空シウスルコトナカレ、時ニ范蠡ナキニシモアラズ」と読みます。

現代で読める方はさほど多くはないのかな？　ところがここに、驚くべき事実があります。戦前の小学校唱歌として、この詩句が用いられていたのです。

「船坂山や　杉坂と　御あと慕いて　院の庄　微衷をいかで　聞えんと　桜の幹に　十字の詩『天勾践を空しゅうする莫れ　時に范蠡無きにしも非ず』」

ぼくの母は昭和6年の生まれでしたが、40歳くらいのとき、正確に唄って聞かせてくれました。ホント、三つ子の魂百までですね。なお、作詞した方は詳らかならず。作曲は東京音楽学校（現在の東京芸術大学）教授を務めた岡野貞一さんです。不粋を承知で少々説明します。

呉に従うふりで国力を蓄える

紀元前500年ごろ、中国の南部（当時の中国の南端。この南側は開発されていない）に、蘇州を都とする呉という国がありました。その王であった闔閭《こうりょ》は有能な士・伍子胥《ごししょ》や将軍・孫武（兵法書『孫子』の著者）の働きもあって、当時の超大国・楚を圧倒、呉を強国にのし上げました。ところが楚と争う呉の背後から、新興の越が攻撃をかけます。闔閭は何をちょこざいな、と越と戦端を開きますが、このとき受けた傷がもとで亡くなります。闔閭の子の夫差《ふさ》は復讐を誓い、伍子胥の助けを得て会稽《かいけい》にて越を滅亡寸前まで追い詰めます。ここで越の王の勾践が謝罪してきたため、夫差は彼の命を助けました。勾践は屈辱に耐え、呉に従うふりをして国力を蓄えていました。

夫差はそれに気付かず中国北部へ進出し、諸侯を集めてボス気取り。本来それを諌めるべき伍子胥は、勾践の謀臣である范蠡の策によりすでに誅殺されていました。かくて、夫差が足元への注意を怠るうちに、越は呉に攻勢をかけ、首都を陥落させました。夫差は自害し、紀元前473年、呉は越のために滅びたのです。

勾践は一度は夫差の奴隷に身を落とされますが、范蠡の補佐を得て、ついには呉を滅ぼします。先の児島高徳の語句は、それを表現したものです。また、この呉と越の激しい戦いは有名な故事成句を生み出しています。まずは「呉越同舟」。これは説明する必要ありませんね。「臥薪嘗胆」。越に復讐を誓った当時の夫差は、薪の上で寝ることの痛みで父を討たれた屈辱を思い出しました。また一度は夫差に敗北した勾践は、富国強兵に励む一方で苦い胆を嘗め、屈辱を忘れないようにしました。この二つが合わさって、臥薪嘗胆という言葉ができています。

文種を警戒して自害を命じる

この他にも「会稽の恥を雪《すす》ぐ」は会稽山で敗北した勾践が20年かけて夫差を破り、恥辱を晴らしたことの意です。「西施《せいし》の顰《ひそ》みに倣う」。西施は夫差を骨抜きにするため、范蠡が呉の宮廷に送り出した絶世の美女。彼女が軽い胸の痛みで顔をしかめたところ、醜女が自分も顔をしかめれば美しく見えるかとまねをした。ここから転じて、人のまねをして物笑いになることをいいます。なお、こうして手を携えて苦難を乗り越え、呉を討った越王・勾践と范蠡ですが、別れはあまりに急でした。というのは、夫差を倒して喜ぶ勾践を見て、范蠡は直ちに姿を消したのです。やがてもう一人の功臣、文種《ぶんしょう》のもとに范蠡の手紙が届きました。

「越王の容貌は長頸烏喙《ちょうけいうかい》、首が長くてくちばしのように口が尖っています。こういう人相の人は苦難を共にできても、喜びは分かち合えません。早く逃げ出さないと、あなたに災いが降りかかりますよ」

文種は慌てて出仕を止めましたが、時すでに遅し。その後すぐに勾践は、文種の才能を警戒し、自害を命じてきました。君臣の交わりというのは、実に恐ろしいものですね。

第5章

石田三成は「清濁併せ呑む」ができなかった

石田三成《いしだみつなり》

優秀だが決まって軋轢を起こした武将

周囲を気遣うことに欠ける日常的な態度が秀吉に不満を持つ武将から襲撃を企てられる要因になった

島津義弘を怒らせ戦意を奪う

今回は石田三成を取り上げてみようと思います。彼の人生は皆さんが思い描くイメージ通り。お茶のエピソードはフィクションでしょうが、近江・長浜の大名だった羽柴秀吉に見出された。デスクワークを中心に卓越した才能を示した。それで佐和山19万石の大名になった。五奉行の実質的なリーダーとして働き、秀吉の没後も豊臣政権の維持に尽くした。けれど徳川家康の台頭があり、家康を討つために関ヶ原の戦いを起こして敗れ、処刑された。それが彼の人生です。

ぼくがまず問題にしたいのは、彼の日常的な振る舞いです。関ヶ原の戦いに際し、彼は島津義弘を怒らせた。夜襲を進言した義弘に、天下を争う戦いは正々堂々であるべし。夜襲なぞは田舎でやれ、と嘲弄したという。これは遙か昔、保元の乱のときに藤原頼長が源為義の提案を退けた話と同じですので創作の匂いが濃厚です。でも、ともかく島津隊は戦闘に参加しなかった。何が争点になったかは不明ですが、三成がいわば「戦いのプロ」である義弘の戦意を奪ったことは間違いない。まずすぎる。島津隊は1千500人くらいで少数だったとはいえ、歴戦の精鋭で実に頼りになる。頭の良い三成が損得を勘定できぬはずがない。でも、怒らせた。彼の日常的な姿勢には、何らかの問題があったと考えざるを得ません。

優秀である。でも決まって周囲と軋轢を起こす。ぼくは、いの一番にプロ野球界の広岡達朗氏を想起しました。広岡氏の野球理論は明快で、監督として間違いなく有能です。野球人には珍しく自身の考えを言語化できて文章も書ける。ところが、成果は挙げるのに、ヤクルトでも西武でもロッテでも不本意な形で辞めた。

自分は正しいことをしている。それを理解しない周囲がダメなんだ。現場にいたときの広岡氏は、そんなオーラをいつも放出していました。まあ、他人には好かれませんね。愚物に好かれても意味なし、なんて思ってたかもしれないけれど。三成はそんな人物だったんじゃないでしょうか。コレは余談ですが、日本史界隈でのぼくも、ちょっと似てるかな（苦笑）。

この点を踏まえて、前からモヤモヤしていた歴史解釈を俎上に載せましょう。事件は豊臣政権の重鎮だった前田利家が亡くなった日に起きました。慶長4年（1599年）閏3月3日の夜、加藤清正、福島正則らが三成襲撃を企て、兵を動かしたのです。結局は徳川家康が仲裁に入り、この「七将（7人に誰をあてるかは異同あり）襲撃事件」は三成が政務を退き、隠居することで一応落着しました。

ぼくがこだわるのは、この事件、誰がいい始めたのかは知りませんが、加藤・福島ら「武断派」と「文治派」の争いとして解釈されている点です。武官と文官、制服組と背広組の対立といったところでしょうか。いや、うまいことといったつもりでいるのかもしれませんが、ズレてますよね、これ。だって襲撃対象は三成一人であって、グループとしての文官たちではないですもの。他の五奉行メンバーは対象になっていないのです。

「気に喰わない」がエネルギーに

もちろん、文治派の代表である三成を否定して、オレたちの発言権を高めよう、という方法論があってもおかしくはない。でも、重しであった利家が亡くなるとすぐに暴発した経緯からすると、冷静な見取り図があったわけじゃなさそうだ、とぼくは感じます。要するに、三成が気に喰わない。やっつけろ。それが行動のエネルギーになっている。

加藤や福島にそうした行動を取らせた一因は、間違いなく先述した三成の日常的な態度でしょう。お疲れさま。戦場はたいへんだな。現地では十分な補給ができなくてすまん。日本にようやく帰ってきたんだから、オレに一杯おごらせてくれ。そんな感じの対応をこまめにできていれば、そこまで拗《すね》られなかったでしょうに。おそらく同じ奉行の出世頭、増田長盛はできていた。良い顔をしていたから襲撃対象にならなかった。もっとも彼は関ヶ原でもそれをやって東軍・西軍どっちつかずになり、結局は家康に嫌われて改易されたんだと思いますが。

もう一つ、参考になる事例があります。それはまた遙か昔、梶原景時の一件です。建久10年（1199年）、鎌倉殿・源頼朝が死去。そのあとすぐ、66人もの有力御家人から弾劾を受け、景時は失脚します。翌年、鎌倉を追放され、京都へ向かう途中、駿河で御家人の襲撃を受け、梶原一族は滅亡しました。詳細は省きますが、陰で糸を引いていたのは、駿河守護であった北条時政だと考えられます。

景時は後に「告げ口」をしてヒーロー・源義経を滅びに追い込んだ悪玉に仕立てられますが、彼は「いくさ奉行」として戦いの様子を報告していたに過ぎません。職務に忠実、かつ鎌倉武士には珍しく文武両道だったので頼朝から評価を受け、重用された。ですので、頼朝没後に「虎の威を借るキツネ」として始末されたと解釈するのは容易です。でも、もう一段、深い理由があると思う。

無謀な軍事作戦で人心は離れ

それは御家人の「頼朝への不満」です。絶対の主人たる鎌倉殿に文句はいいにくい。だから、不平不満は、頼朝に忠実な腹心に向けて爆発する。ではその不満とは何か。それは頼朝が京都、朝廷に接近しすぎること、だと思います。頼朝さまはわれわれ関東の武士の代表であるはずなのに、何だ結局は京都が良いのか。そうした頼朝への不満が景時を滅ぼし、やがてはより京都に近くなった三代・実朝の命を奪う。そういう展開が考えられる。

三成襲撃にも、それが当てはまる。加藤・福島らは「秀吉への不満」を蓄積していた。でも自分を取りたててくれた太閤殿下に意見することはできない。それが秀吉股肱の随一、三成に向いた。そして不満の原因とは、具体的には、やはり朝鮮出兵でしょう。文禄の役はまだしも、半島で戦って得るものなど無いと分かったのに慶長の役に突入してしまった。

その秀吉の判断ミスが、無謀な軍事作戦で疲弊した諸将の嘆きとなり、人心は離れ、豊臣政権は倒れた。そうした衰退と滅びのムーブメントを一身に体現したのが、三成だったのではないでしょうか。

武に優れた家臣が命を賭け仕えた武将

「清濁併せ呑む」ことができず正論で周囲を怒らせるが武才が無い自身の欠点を弁え一騎当千の家臣を厚遇した

家臣は卓越した才能知り慕う

先日ぼくはかかりつけの医院に行きました。その待合室でおじいさんがものすごい音でくしゃみをする。3回目で我慢できなくなったぼくは、「せめて手を口に当てましょう」と注意しました。するとじいさん、「マスクしてるじゃないか、それにこれは花粉症で、カゼのウイルスをまき散らしてるわけじゃない」と怒鳴ってきた。こうなると売り言葉に買い言葉。「あんたにはマナーというものがないのか！」「知った風な口をきくな若造が！（ちなみにぼくは62歳です）」もうね、めちゃくちゃ。

ぼくも良くなかった。終始ソフトに対応すべきでした。罵り合いを聞いて愉快な人はいません。周囲の患者の皆さん、それにいつもお世話になっている先生に迷惑をかけてしまった。ごめんなさい。

それで思いました。ああ、ぼくも三成と似ているところがあるな、と。たぶん彼は些細であっても、「曲がったこと」が気に障る。それでここが問題なのですが、人にはいろいろあるよな、とスルーできずに咎め立ててしまう。いわれた方は当然むかつく。またいい方がエラそうなのでしょう、中身の正しさよりも「利口ぶりやがって、イヤミな野郎だぜ」と反感を買ってしまう。

でも元来は聡明な人間なので、優れた人はこうあるべきだ、というイメージは豊富に持っている。部下を愛そう、他人にはできるだけ優しく、ケチはみっともないぞ。こうしたことは頭では良く理解している。でも、ときに余計な言動を示し、周囲を怒らせる。またその言動の内容がなまじ正しいものだから、反論できない周囲は、ますます彼を憎む。つまりは、「清濁併せ呑む」ができない。人の上に立つ器ではない（おお、ここも、ぼくに似ています）。

でも、彼の優しい部分とか卓越した才能に接した人間は、たいそう彼を慕うことになります。たとえば津軽家。津軽為信は盛岡の南部家の家来筋の人でしたが、秀吉直属の大名になりました。それが遠因になって、なんと今に至るまで、津軽領の人と南部領の人が感情的に対立することがある（弘前と八戸の仲の悪さは有名ですね）のです。それで詳細な経緯は不明なのですが、おそらく津軽家の独立に際しては、三成が親身になって世話をしたのだと思います。それで津軽信枚（為信の子）は三成の娘を妻にして子をなし、徳川養女の正室が産んだ子を差し置いて、三成の血を引いた信義を後継者にした。また三成の遺児を引き取り、杉山と改姓させ、重臣の列に加えました。三成への思いの深さが窺えます。

それから聡明な三成は、自身の欠点もよく弁えていた。それは「戦場での働き」です。加藤清正や福島正則に比べると、武の才能が無い。そこで、これも彼の優秀さの証ですが、戦場で輝くことのできる家臣をスカウトした。島左近、舞兵庫、蒲生郷舎など、石田家には著名な侍大将が多い。関ヶ原の戦いにおいては、石田隊は寡兵にも拘わらず、実に良く戦った。武に秀でた家臣たちが「殿のために」と命を投げ出した。慕われていたのですね。

500石全てを勘兵衛に与えたが

島左近は、諱は勝猛で、もとは大和の筒井家の侍。松倉重信（嫡男の重政はのち島原の大名となって悪名を馳せる）と並んで「右近・左近」と称される名物家臣だったといわれてきました。でも諱は正しくは清興。筒井家では重臣ではなかったとの説もあります。正直、前半生はあまり良く分からない。

彼が有名になったのは、三成に高禄を支給されて仕えてから。当時、三成は４万石を領していた。そのうちの半分、２万石で左近を召し抱えたというのです。これは『常山紀談』に収録された有名な話ですが、いくらなんでも史実ではないでしょう。でも、三成は「石田家の武」を形成するために、その中核に据えるべく、左近を破格の待遇でヘッド・ハントした。これは史実に違いないと思います。

三成が武勇に秀でた侍を厚遇した、という話がもう一つあります。『佐和山落城記』に見えるこのエピソードは、主従の絆を伝えていて、ぼくはとても好きなのです。こちらの家臣は渡辺勘兵衛。藤堂高虎に仕えた渡辺勘兵衛とは同名異人。宮仕えに嫌気が差した彼は浪人し、「10万石くれなければもう主取りはしない」と宣言していました。いくら一騎当千とはいえ、一介の武辺に10万石を給する物好きはいません。それは共通認識です。ですので「一生浪人」を周囲に宣言した、ということですね。

ところがそんな彼を、若き日の三成が口説いた。「私はいまは500石取りの身にすぎない。だがいずれ出世するつもりである。そうしたらあなたに10万石を与えよう。約束は必ず守るので、どうか私に仕えてくれないか」。勘兵衛は三成の情熱に負けて、彼の家来になりました。

その話を聞いた羽柴秀吉が三成に尋ねます。「あの豪傑をよく召し抱えられたのう。俸禄はどれほどか?」「はい、500石です」「ちょっと待て。ワシはおまえに500石しか与えてないぞ。それを全て勘兵衛に与えてしまって、おまえはどう生活しているのだ?」「はい。いまは勘兵衛の家に居候をし、生活費も出して貰っております」。それを聞いた秀吉は大笑い。こういう話、秀吉は大好きですよね。

わが命を賭けてと思わせた…

このあと、三成は出世していきましたので、そのたび勘兵衛に加増の話を持ちかけます。ところが勘兵衛は「殿が100万石の大身になられた暁には、約束ですので拙者は10万石頂戴します。ですがそれまでは、加増の必要は一切ありません」と断り続けました。

関ヶ原の戦いで、勘兵衛は獅子奮迅の働きを示し、ついに傷ついて倒れます。陣中に運び込まれた瀕死の勘兵衛の血を押さえながら、三成は「お前との約束を果たせなくなってしまった」と涙を流しました。勘兵衛も涙を流し「殿。拙者は殿にお仕えすることができて、本当に幸せでした」と言い残して亡くなりました。

いい話でしょう。三成って、剛毅な侍に、「この人ならばわが命を賭けて仕えるに足る」と思わせる一面もちゃんと持ち合わせていたのです。

龍造寺隆信《りゅうぞうじたかのぶ》

一気呵成に拡大した「五州二島の太守」

大友宗麟が耳川の戦いで大敗したのに乗じて肥前統一を果たし急成長するもカリスマ頼みの支配で死後は領土を奪われ失墜した

世話になった蒲池家とも抗争

佐賀の吉野ヶ里遺跡が話題を集めています。邪馬台国がここにあったかどうかは別にして、肥前の神埼の地が古くから栄えていたのは間違いない。この豊かな地に生まれた戦国大名、それが「肥前の熊」こと龍造寺隆信でした。ちなみにぼくは以前、ゴロの良さから「肥前のヒグマ」と書いてしまったのですが、九州にヒグマは生息してないぞ、とお叱りを受けました。隆信は、享禄2年（1529年）、肥前・佐嘉水ヶ江城（佐賀市）に生まれました。龍造寺氏は、肥前の守護職に任じていた少弐氏の有力被官でした。7歳のときに出家して、円月と称しました。ですので彼は何ごともなければ、僧侶となって過ごすはずだったのです。

ところが彼が17歳のとき、祖父と父が主である少弐冬尚への謀反の嫌疑により、誅殺されてしまいます。曾祖父の家兼は何とか討手から遁れ、円月やその母である慶誾尼（この人も龍造寺氏の出身）を連れて逃げ、柳川城主の蒲池鑑盛（蒲池家は鎌倉時代以来の名門で、筑後随一の武家。豊後・大友家に従属。歌姫・松田聖子さんは、蒲池家の子孫という）のもとに匿われました。龍造寺家兼はやがて鑑盛の支援を受けて再起し、龍造寺の旗を掲げたものの高齢で逝去。18歳の円月が還俗して家督を継ぎました。このとき反対もあったため、山口の大内義隆を頼って、その威光によって家中をまとめようとします。それで義隆の名前の一字を拝領し、隆信と名乗りました。

天文19年（1550年）、龍造寺氏の家臣、鍋島清房が妻を亡くしました。すると隆信の母の慶誾尼は、清房とその子・直茂は龍造寺に必要不可欠な人材であるとして、押し掛ける形で後添いになりました。

女傑としての逸話を数多く残す慶誾尼を通じて、鍋島直茂は隆信の義理の弟になったのです。隆信22歳、直茂13歳でした。このあと隆信は直茂とともに戦いをくり返し、少しずつ勢力を拡大しました。その過程で少弐氏や千葉氏（元寇をきっかけに関東から移った名門）を滅ぼし、江上氏や犬塚氏などの肥前の国人を降していきました。永禄5年（1562年）までには東肥前の支配権を確立しています。ただし、こうした動きが九州随一の豊後・大友氏の警戒するところとなり、攻勢を受けました。そのため、肥前の統一はなかなか成就しませんでした。

天正6年（1578年）、大友宗麟が耳川の戦いで島津義久に大敗すると、隆信は大友氏の混乱に乗じて肥前の統一を果たしました。さらには勢いに乗じて九州各地に勢力を伸ばしました。しかしこの頃から、彼の内の酷薄な気質が表面化していきます。何度も世話になった柳川の蒲池家とも抗争し、天正8年（1580年）には蒲池鎮漣（鑑盛の子。鑑盛は耳川の戦いで大友軍として戦死）を謀殺し、柳川の鎮漣の一族を皆殺しにしました。直茂との関係も、この頃からうまくいかなくなった、という話もあります。

島津・有馬軍に挟撃され大敗北

隆信は自ら「五州二島の太守」と名乗っています。五州は肥前と肥後、筑前・筑後、それに豊前。二島は壱岐・対馬です。ただし、これまで見てきたように、隆信の勢力は大友の衰退に乗じて、一気呵成に拡大したものにすぎません。基礎固めを怠らない、地に足がついた戦いの積み重ねというわけではないのです。

あるところまでは食うか食われるかの「厳しい、地道な」戦い。でも一つの国の領有を成就したとか、耳川の戦いのような突発的な事件が契機になるとかで、あるところから一気に勢力が膨張する。

こうした動きは、後の島津家の九州統一の動きに似ている。他の地域ですと、上杉憲政を擁した長尾景虎（上杉謙信）。彼が関東に出兵したら、大名小名が我も我もと、その旗の下に参集しました。もっといえば、房総半島に逃げてきた源頼朝のもとに、南関東の在地領主が集まってきた事例も参考になるでしょう。

急成長のパワーはすさまじいですが、それをどこまで定着させることができるかは、時世を見通しての大将の手腕次第、でしょうか。頼朝はみごとにパワーを持続させ、鎌倉幕府の創設まで持っていきました。景虎は小田原攻めに失敗して諸将に見限られました。島津は豊臣秀吉に敗北して、本領以外は失いました。龍造寺氏の場合も、確実な領国といえるのは肥前だけで、他は少しの失敗ですぐに瓦解するような、もろい支配体制であったと考えるべきでしょう。実際に隆信の卓越は、10年続かなかったのです。

天正12年（1584年）、キリシタン大名として有名な、島原半島の有馬晴信が龍造寺勢力から離反します。隆信は晴信を討伐すべく軍勢を差し向けましたが、島津氏の支援もあり、有馬攻めはなかなか成果を得られませんでした。業を煮やした隆信は自ら大軍を率いて出陣し、島津・有馬の連合軍と戦います。主戦場は島原の北方、沖田畷。龍造寺軍は2万5千、島津・有馬軍は1万といわれます。

この戦いで大軍の龍造寺軍は隘路に誘い込まれ、動きが停滞してしまいました。そこを島津家久（当主の島津義久の末弟。戦国時代を代表する戦術家）の軍勢と有馬軍が挟撃したために、龍造寺軍は多くの兵を失い大敗北を喫しました。

肥前国は鍋島直茂に奪われて

隆信は肥満していたために6人で担ぐ駕籠に乗って移動していたそうですが、島津勢の川上忠堅に討ち取られました。享年56。彼の右腕であった鍋島直茂は隆信の死を知り自害しようとしますが、周囲に止められ柳川に帰還しました。島津家久は隆信の首級の返還を申し出ますが、直茂は拒絶したといいます。2人の間には、何らかの溝が生じていたのでしょう。

支配の地盤固めが万全なら、本当は大将を失ってもある程度は持ちこたえられるはず。

ですが、龍造寺の優越は、先に述べたように張り子の虎的なところがあった。ですので隆信がいなくなると、あっという間に勢力は失墜しました。すべては隆信という一人のカリスマ頼みだったということなのでしょう。本拠の肥前国ですら、義弟である鍋島直茂によって奪われていきます。龍造寺氏は「化け猫騒動」だけを残して、肥前国主の座を鍋島氏に明け渡したのでした。

戦国九州の女傑たち

武将を激励し気丈な生き方を貫いた

48歳で結婚し92歳の長寿を保った「押しかけ女房」の慶誾尼《けいぎんに》は龍造寺家が血の繋がらない息子に奪取されるさまを逐一見ていた

「夜討ちに撃って出よ」と叱咤

前回の龍造寺隆信の母・慶誾尼（1509～1600年）は龍造寺の分家の生まれで、本家の周家の正室となり、嫡男の隆信を産みました。天文14年（1545年）、彼女が37歳のときに、夫の周家は主筋の少弐家によって殺害され、彼女は隆信とともに龍造寺家再興に向け、塗炭の苦しみを味わいます。

弘治2年（1556年）、龍造寺氏の家臣、鍋島清房とその子である直茂の器量に惚れ込み、清房と再婚します。この婚姻により、鍋島直茂は彼女の子、隆信と直茂は義理の兄弟という立場になりました。婚姻時、彼女は48歳。「人生50年」の当時としては相当な高齢です。何ともバイタリティーに溢れた女性ですね。

元亀元年（1570年）に今山の戦いが起き、龍造寺の佐嘉城は大友宗麟の大軍に包囲されました。隆信や直茂は大友に降伏しようと考えました。このとき彼女は隆信らを叱咤し、「お前たちは、猫を前にして恐れる鼠のようではないか。夜討ちに撃って出よ」と激励しました。

このため、直茂は今山の大友本陣に夜襲をかけて勝利したのです。慶誾尼は龍造寺家の意思を決定する場にいて、隆信の決断の拠り所となっていたようです。

彼女は92歳の長寿を保ちました。ということは、龍造寺家が血の繋がっていない息子である鍋島直茂によって乗っ取られていくさまを、逐一見ていたことになります。彼女はどんな気持ちだったのでしょうか。当時の常識からすると、龍造寺という「家」が何より大切だったはずですので、とても辛かったはずです。

でも、「弱肉強食」の原理をイヤというほど味わっていて、かつバイタリティーに満ちた彼女ですので、二度目の婚家である鍋島家、義理の息子である直茂の躍進に納得していたかもしれません。

慶誾尼はたぶん「押しかけ女房」ですが、気丈な女性の再婚の話は島津家にもあります。島津という家は鎌倉時代初めからの名門ですが、当主家がずっと波乱なく江戸時代まで続いたわけではありません。有名な「島津四兄弟」（その長兄の義久が豊臣秀吉と戦った）の祖父・忠良は、島津の一門ですが「伊作」を名乗る家の生まれでした。この家は鎌倉時代前期に本家から分かれ、代々薩摩国阿多郡伊作荘（現在の鹿児島県日置市）を領していました。

忠良の母、梅窓夫人は、島津分家の新納氏の出身。伊作氏第9代当主・伊作善久に嫁ぎ、菊三郎（のち忠良）と二女をもうけました。ところが戦国時代は苛酷で、父と舅は合戦で討ち死に。その上、夫・善久が家臣に殺されるという悲運に見舞われます。夫人は男たちに成り代わり、伊作家を切り盛りしたそうです。

すると、その様子に惚れ込んだ人物がいました。島津の有力な分家である相州家の島津運久です。彼は梅窓夫人に求婚。すると、梅窓夫人は、自身の子である菊三郎を養子とすること、さらに菊三郎を相州家の跡取りにすることを条件に、求婚を承諾したのです。運久は約束を果たし、菊三郎は「島津忠良」になりました。

耳川の戦いでは島津軍が大勝

忠良はたいへんにすぐれた人物だったので、本家も実力で継承し、島津は彼の元で一つにまとまりました。そして彼の孫の義久の代には、大友家を圧倒し、九州を統一する勢いを示したのです。

南北朝の頃、九州では、筑前の少弐、豊後の大友、薩摩の島津が勢力を誇っていました。この三家は室町時代にも博多、豊後府内（大分）、坊の津という商業都市を押さえ、発展しました。なかでも次第に大友家の勢力が他の二者を超え、九州で覇を唱えるようになりました。その原因は明確には答えが出ていない状況のようですが、ぼくは南蛮貿易での利益ではないかと想像します。博多はよく、古代から日本の玄関口であったといいますが、大分の研究者のみなさんによると、豊後府内は南蛮貿易の玄関口だったそうです。いま大分の遺跡を掘ってみると、府内がいかにヨーロッパ諸国や中国との貿易で栄えていたかがよく分かります。

キリシタン大名として有名な大友宗麟の時期、大友氏は博多も手中に収め、九州の覇権を握りました。その状況が一変したのが、耳川の戦いです。天正6年（1578年）、大友軍と島津軍は日向国を巡って激突しました。大友軍は3万もしくは4万。迎え撃つ島津軍は2万ほど、といわれます。両者ともに総力を挙げた戦いでした。戦いは島津軍の大勝に終わり、大友軍は多くの重臣を失いました。この戦いを分水嶺とし、以後の情勢は島津勢が大友を圧倒することになります。

天正14年（1586年）、島津氏は大友氏の本丸である豊後への侵攻を開始し、破竹の勢いで豊後各地を制圧していきました。島津の本隊は大友宗麟のいる臼杵城（丹生島城）に向けて進みましたが、野村文綱・白浜重政・伊集院久宣ら3千は鶴崎城の攻略を命じられました。

鶴崎城の城主は大友の重臣、吉岡氏。先の城主・吉岡鎮興は耳川の戦いで戦死し、子息の統増が跡を継いでいましたが、彼は宗麟に従って臼杵城に籠城していました。そのため、鎮興の未亡人で統増の母、妙林尼《みょうりんに》が籠城戦の指揮を執りました。野村ら島津軍が攻撃を仕掛けると、妙林尼ら城兵は周到に準備した落とし穴、巧みな鉄砲の使用で応戦。結局、守備側は計16度に及ぶ島津軍の攻撃を退けたといいます。やむなく島津側は和睦を提案し、食糧不足に悩んでいた妙林尼はこれを受け入れました。

家臣とともに薩摩行きを懇願

両者は停戦しましたが、そこに豊臣秀吉が大軍で島津討伐に乗り出すとの報が入り豊後にいた島津勢は退却することになりました。すると妙林尼は野村に対し「私は島津軍と厚く交流したために大友家には残れない。家臣共々一緒に薩摩に連れて行って欲しい」と頼み込みました。

野村がこれに応じて薩摩へと出立すると、妙林尼は彼女らを待っていた島津勢に攻めかかりました。すっかり油断していた島津勢は大混乱に陥り、白浜重政、伊集院久宣は戦死。傷を負った野村文綱は何とか逃げ延びるも、このとき受けた傷が元で没したといいます。まあ、すごい女性がいたものですね。

高橋紹運《たかはしじょううん》

フロイスが絶賛した「希代の名将」

島津勢との戦いでは岩屋城に立て籠もり時間を稼いだことで長男・宗茂が毛利軍と合流して撃退する成功へと繋げた

筑前国支配のため戦いの日々

今回は直球ど真ん中、高橋紹運を取り上げます。生誕は天文17年（1548年）。大友の重臣、吉弘鑑理の次男です。母は大友義鑑の娘ですので、主君の義鎮（義鑑の子。宗麟）は伯父さんに当たります。幼名は千寿丸。通称は弥七郎。諱は鎮理《しげまさ》（理は「まさ」もしくは「ただ」と読んだようです）。のちに高橋の家に養子として入り、名を鎮種と改めました。紹運は法号です。

江戸時代初期から軍神扱いされた立花宗茂は長子。この系統は柳川藩10万9千石の藩主として続く。次子の直次は立花三池藩1万石を立て（柳川の支藩ではなく、独立した藩）、これも明治維新まで続きます。なお、三池藩4代藩主・立花貫長の時代、元文3年（1738年）に石炭の採掘が始まり、平成まで存続した三池炭鉱（大牟田市）の礎となりました。「〽月が出た出た　月が出た　三池炭坑の上に出た」と歌う「炭坑節」。62歳のぼくは何とか知っていますが、若い方は「なんですか、それ？」でしょうね。

主家の大友氏は鎌倉時代初めから、豊後を本拠とする武家の名門です。戦国時代には戦国大名への成長を遂げ、義鑑－義鎮－義統の三代にわたりたいへんに栄えました。とくに法号・宗麟で知られる義鎮の代には、九州のうち六国に影響力を行使する覇者となりました。宗麟はキリシタン大名として知られ、本拠である豊後府中（大分市）は南蛮貿易で繁栄しました。大分市の発掘に従事している研究者は、「博多を日本列島の玄関口というならば、南蛮貿易の玄関口は大分である」と胸を張ります。たしかに出土品からは、府中の繁栄ぶりがよく分かります。

戦国九州の歴史には、やたらと「鑑○」「鎮○」「統○」という人物が出てきます。これはいうまでもなく、大友家当主の名乗りの一字を頂戴したもの。誰から一字を拝領したかを見れば、その人物の世代がだいたい分かるので便利ですが、鑑と鎮は画数が多いので、面倒です。

紹運は元服して主人の義鎮（宗麟）と父の鑑理から一字ずつを貰い、鎮理を名乗ります。初陣は13歳。永禄10年（1567年）、大友氏の筑前支配の要であった高橋鑑種が北九州の国人と連携して謀反を起こした際にも、父や兄・吉弘鎮信と共に出陣し、武功を挙げています。

高橋家は古代から太宰府付近に勢力を誇った名門・大蔵氏の子孫で、高橋の他には原田、秋月などの家がありました。「種」を通字とします。永禄12年（1569年）、紹運は主命により高橋を継ぎ、名も鎮種としました。本拠は宝満山城で、これは古代から九州の中枢として機能した大宰府を守るための城です。もう一つの拠点が岩屋城で、宝満山城の支城として築かれたものです。ときに紹運は22歳。これ以降、北九州の軍権を任されていた立花道雪のもとで、筑前国の支配のために戦いの日々を送りました。

島津からの降伏勧告を拒絶し

天正6年（1578年）、耳川の戦いが起き、大友氏は薩摩の島津氏に大敗を喫します。この合戦で、大友氏は多くの重臣を失い、同時に九州の覇権も失いました。戦没した重臣のうちには、兄の吉弘鎮信、義兄（妻の兄）の斎藤鎮実も含まれていました。肥前国の龍造寺氏や筑後国の筑紫広門、筑前国の秋月種実らは一斉に大友領への侵攻を開始しました。

北九州を活動領域としていたため、紹運は耳川の戦いには参加していません。ですが主家の危機に直面し、心に深く期するところがあったのでしょう。31歳の若さで剃髪し、紹運と号することになるのです。

その後の数年間、立花道雪とともに、秋月種実・筑紫広門・原田隆種・龍造寺隆信など、筑前・筑後・肥前諸勢力と数々の戦いを繰り広げました。天正9年（1581年）、男子のいない道雪から度重なる要請を受け、嫡男・統虎を道雪の娘・誾千代の婿養子として送り出しました。立花宗茂の誕生です。これにより高橋家は次男・高橋統増が継ぐこととなります。ただし、統増はのちに家名を立花に改め、立花直次となります。

天正12年（1584年）8月の戦いでは、紹運と道雪とは大友本家の要請を受け、両家合わせておよそ5千の兵で肥前方面に出陣しています。彼らの軍事活動の規模を知ることができます。天正13年（1585年）9月、道雪が病没しました。天正14年（1586年）、九州の統一を図る島津氏は、大軍をもって大宰府に北上してきました。島津の目的は、大宰府を手中にすることはもちろん、商都・博多までを占領し、軍備を豊かにして来たるべき豊臣秀吉との決戦に備える、というものだったのではないでしょうか。

博多を防衛する立花山城は、立花宗茂が守りを固めています。紹運は高橋の本城である宝満山城に次男の統増を配置し、自身は最前線の岩屋城の防備を固めて、島津勢との戦いに突入しました。戦いは半月に及びました。高橋勢は果敢に戦いましたが、島津は3万の大軍。岩屋城は陥落し、降伏勧告を拒絶した紹運は城兵700名余とともに落命しました。享年39。

皆で立て籠もる提案は退けて

紹運は何を考えていたのでしょうか。このころ、豊臣秀吉の命を受けた毛利の大軍が九州に向けて出陣しようとしていました。その報せを彼はキャッチしていたと思われます。城に立て籠もって毛利の援軍を待つ。それが基本軸。しかも自身が岩屋城で時間を稼げば、その分だけ後方に待機する次男の統増、長男の宗茂が援軍と合流するチャンスが増大する。

宗茂は皆で立花山城に籠もって戦おうと提案したといいます。兵力分散は愚策、とする観点からは、宗茂の提案は理に適っています。ですがそれを退けた紹運は、父として体を張ったのではないかなあ、と推測します。そして果たして（統増は島津に囚われ宝満山城は落ちましたが）、宗茂は毛利軍と合流し、島津勢を撃退することに成功したのです。

ルイス・フロイスは本国宛の報告書で、紹運を「希代の名将」と絶賛しています。紹運がキリスト教に接近していたという話は聞きませんから、これこそは外部の人間から見た、客観的な評価だったのではないでしょうか。

立花宗茂《たちばなむねしげ》

改易から旧領復帰を果たした大名

関ヶ原の戦いでは西軍参加で浪人になり蟄居生活を送るが高い能力から江戸へ召し出され家康・秀忠を補佐し信頼を得た

「女城主」と結婚して立花家へ

前項で、高橋紹運を取り上げたので、本項ではこの人に言及しないわけにはいかないだろう、ということで立花宗茂です。

宗茂は何回も名前を変えました。統虎に始まり、鎮虎、宗虎、正成、親成、政高、尚政、俊正、経正、信正、宗茂。宗茂を名乗ったのは彼の後半生です。

諱《いみな》を用いる機会は実は多くない。実生活では通称の左近将監を用いて、仲間からも左近どのと呼ばれて不便はなかったでしょうが、でもこの頻繁さは尋常ではありません。どうしてそんなことになったのか、彼自身は自分をどういう風に認識していたのか。精神的な話を専門家に聞きたいところですが、いまだその機会に恵まれていません。取りあえず本コラムは宗茂で通します。

宗茂は永禄10年（1567年）、豊後・国東郡（大分県豊後高田市）で、戦国大名たる大友氏の重臣、吉弘鎮理（のちの高橋紹運）の長男として生まれました。父が高橋氏を継いだため、元服したときは主君大友義統より「統」の字を賜り、高橋統虎を名乗りました。天正9年（1581年）、初陣を果たし、早くも活躍を見せています。15歳ですね。

同年8月、男子の無い戸次鑑連（立花道雪）が宗茂を養嗣子として迎えたいと希望してきました。道雪と紹運は、ハッキリした上司と部下との関係ではないものの、立場としては道雪が上。紹運は断りましたが、道雪が何度も請うたため、ついに宗茂を養子として出しました。宗茂は道雪の娘の誾千代《ぎんちよ》と結婚し、誾千代に代わって道雪から家督を譲られました。

家督について妙な書き方をしたのは、当時の立花家の家督は女性である誾千代が継いでいたからなのです。もちろんこれは名目上の話で、実際の仕事は道雪が管掌していました。ですが、道雪は文書を作成（現存します）し、立花の名跡と立花城と、重代の家宝を誾千代に譲り、主君である大友義統の許可も得ていたのです。誾千代は「女城主」だったのですね（確証ある女城主は、彼女だけ）。

一時は九州のうち6か国を支配したという大友家ですが、この頃は薩摩の島津に押され、防戦一方でした。宗茂は養父と実父に鍛えられながら、九州北部で諸勢力と戦い続けました。天正13年（1585年）9月、歴戦の将かつ「生きた手本」、養父の道雪が病没しました。立花家の命運は19歳の彼に託されたのです。

天正14年（1586年）、ついに島津の大軍が北上を始めました。実父紹運は岩屋城で徹底抗戦の末に討ち死に。宗茂は立花山城を拠点として戦い、紹運との戦いに疲れていた島津勢に大損害を与えました。岩屋城の奪還も果たしています。島津攻めのために来援した豊臣秀吉は彼を高く評価し、島津義久が降伏した後に柳川10万石（検地のやり方で12万石とも）を与えました。ここで宗茂は、大友家の家臣という立場から、秀吉の直臣に取りたてられたのでした。

朝鮮出兵では明軍に勝利して

立花山城から柳川城への移転は、思わぬ副産物を生みます。それは妻の誾千代との別居でした。彼女は柳川城に入ろうとせず、城外での生活を選んだのです。誾千代にしてみれば、父の道雪は宗茂に「大友家を頼む」と懇願したはずだ。それなのに宗茂は大友家も立花山城も捨ててしまった。ルール違反ではないか、という思いだったのかもしれません。

豊臣政権下、彼は武将として大活躍します。いわずと知れた朝鮮出兵です。とくに勇名を馳せたのが、文禄2年（1593年）1月の碧蹄館の戦いです。このとき、朝鮮の応援に駆けつけた明軍は平壌を奪回し、勢いに乗って漢城（現在のソウル）めざして南下していました。この李如松率いる明軍を日本軍は碧蹄館に迎え撃ったのです。日本軍の先鋒を務めたのが立花宗茂の3千人。彼らの果敢な戦いが、日本軍を勝利に導きました。

司令官の小早川隆景は「立花勢3千は1万人の部隊に匹敵する」と賞賛したそうです。この戦いの敗北によって李如松は戦意を喪失し、武力による日本軍撃退の方針を諦めて講和交渉へと転換しました。なお両軍の兵力については諸説ありますが、参謀本部編の『日本戦史・朝鮮役』はともに2万人前後としています。

豊臣秀吉が没すると関ヶ原の戦いが起こります。道雪以来の重臣・薦野増時は西軍に勝ち目なしと東軍への参加を進言しましたが、宗茂は「勝敗にこだわらず。秀吉公の恩義を忘れてはならぬ」と、増時に柳川城を預け、西軍に参加しました。

ところが関ヶ原での戦いに立花勢の姿はありませんでした。突如として東軍の旗を立てた京極高次を降すべく、近江・大津城を攻撃していたのです。西軍がなぜ、戦局全体にはさして意味を持たない大津城を潰すため、よりにもよって一番の精鋭たる立花勢を向かわせたのか。そこを考えると紙数が尽きてしまうので飛ばしますが、宗茂は東軍本隊と戦うことなく、九州に帰ったのでした。

敗れた西軍の一員であったため、宗茂は改易されて浪人になります。宗茂は由布惟信・十時連貞らの家臣を引き連れ京都で暮らしました。正室の誾千代はこれに同行せず、肥後国玉名郡腹赤村に移り住みましたが、慶長7年（1602年）秋口から病を患い、10月17日に死去しました。享年34。

2代目将軍忠秀から高評価を

慶長8年（1603年）に江戸に下った宗茂は、本多忠勝の世話で蟄居生活を送り始めましたが、翌年、忠勝の推挙で江戸城に召し出されました。徳川家康から幕府の御書院番頭（将軍の親衛隊長）として5千石を給されることになったのです。2代将軍秀忠はこれまた宗茂を高く評価していたため、慶長11年（1606年）、陸奥棚倉で1万石を与えて、大名に復帰させせました。慶長15年（1610年）にはさらに2万石の加増を受け、この頃から宗茂と名乗っています。

大坂の陣でもよく秀忠を補佐した宗茂は、元和6年（1620年）、ついに旧領の筑後柳川10万9千200石を与えられました。改易されてから旧領に復帰を果たした、唯一の大名になったのです。彼は柳川に良清寺という寺を建て、誾千代の菩提を篤く弔っています。

朝鮮出兵で明軍を蹴散らした武将

晩年には「軍神」とまで称された宗茂の強さの秘密は何か――家臣がみな主君に惚れ込み命を惜しまず忠義を貫いたからだ

政治力と経済センスが重要に

出版社とかテレビの制作会社によく聞かれることがあります。戦国時代で一番の戦上手といえば誰ですか。合戦で強いのは誰ですか、と。にっこり笑って、そうですねえ、上杉謙信でしょうとか、立花宗茂を推しますね、とか当たり障りのないところを答えておけば良いのでしょうが、ぼくは正直な上に商売が下手なものでつい本当のことをいってしまう。あなたたちは基本が分かっていない、と。

どういうことか。戦いは、基本的に数なのです。数が多い方が勝つ。たとえば豊臣秀吉は、北条氏討伐や朝鮮出兵に際して20万人といわれる兵を準備しました。この大軍に、立花宗茂率いる3千が突撃しても、まず勝ち目はありません。すり潰されて、一巻の終わりです。

数多の将兵がいる。しかも彼らはしっかり食べていて、優秀な武具を携行して、やる気がある。こうした軍勢を編成できる武将が強いのです。ですから、戦ったとして、誰が勝つか、という設問は意味がありません。合戦は不良のケンカではない。兵を集めても社会に不具合が起きぬようにする政治力があり、食料や武器を調達する経済センスがあり、やる気を引き出すリーダーシップがある。信長や秀吉は間違いなくそうした人物でしたが、宗茂にそれができたのか。後述するように人間的魅力は抜群でしたが、政治・経済の力量はどうか？　こんなことをいうとロマンがないなあ、と嘆かれますが、孫子も指摘するように「兵（戦争）は国の大事」。ゆるがせにはできぬのです。

ただし、仮に兵は3千人に限る、という条件を付けるならば、恐らく宗茂は相当に強い。東の本多忠勝、西の立花宗茂と謳われた、とのことですが、おそらく戦国武将でトップ3のうちに数えられるのではないでしょうか。

でも、ここでまた疑問が生じます。武将が兵3千を率いて戦場に出て、戦って強い、というのはいったい全体どういうことか？　一番ロマンあふれる、でも現実離れした答えは、個人的な武力を持ち出すことです。この武将は一騎当千の強者である。だから、彼に率いられた軍勢は破竹の勢いを示すのだ、と。

いやいや、戦国の世から千年以上昔の、青竜刀を振り回す三国志の豪傑ではないのですから、そんな素朴な理解ではいけません。だったら、日本一強い武芸者、宮本武蔵あたりは優秀な武将になれたはず。でも、そんなことはない。武者働きでは屈指、関ヶ原で10以上の首を取ったという豪傑の可児才蔵は、福島正則に仕えて750石です。とすると率いた兵は20人には届かないでしょう。あの福島正則ですら、個人的に強いだけの男には多くの兵を預けなかった。

となると、良い武将の決め手は何に求めれば良いのか。晩年には軍神とまで称された宗茂本人は次のようにいっています。「拙者は特別に何流などの軍法を使うわけではない。常に兵士に対してえこひいきせず、慈悲を与え、国法に触れた者は法によって対処する。こうすると、戦に臨むとみな一命をなげうって力戦してくれ、それがみな拙者の功になる。その他によい方法はない」。

下が上を親の如く慕うように

あるいは、「大将がいかに采配をとって、ただ『進めえ〜』とか『死ねや〜』とか叫んでも、そのような下知に従う者はいない。常に上は下に情をかけ、下が上を親の如く慕うようにすれば、下知をしなくとも思い通りに動くものだ」。

これらは『名将言行録』など、一級とはいえぬ資料に採られた言葉ですが、案外と本質を突いているように思います。というのは、立花軍には、身命を抛《なげう》って奮闘する武士が多いのです。朝鮮半島での激戦、碧蹄館の戦いを見てみましょう。

文禄2年（1593年）1月、李如松の率いる明軍主力が南下を始めると、日本軍は碧蹄館での迎撃を企画し、宗茂率いる立花勢3千余（実数は2千くらいか）が先陣を務めました。

1月26日午前6時頃、先鋒500を率いた十時惟道と内田統続は、査大受率いる明軍2千と交戦。鉄砲隊の一斉射撃で撹乱した後、鑓を投げて数十騎を突落し、そこで抜刀して明軍騎兵に斬りかかって奮戦。敵軍を望客峴という小山まで押し込みました。ここで、救援に駆けつけた明軍が十時の先鋒隊を包囲。十時は兵を転じて明・朝鮮軍の中央を突破し中陣との入れ替わりを策します。中陣の戸次統直が弓で援護するものの、惟道は李如梅（明の主将・李如松の弟）の矢を受け、戦死しました。惟道に代わって旗奉行の池辺永晟が先鋒隊を指揮し、中陣との入れ替わりを成功させましたが、彼も突撃戦で戦死しました。

昼ごろ、立花勢は北へ進んで敵本陣の碧蹄館を攻撃。友軍と三方より明軍を包囲しました。このとき立花勢の金備え（先鋒を務める精鋭部隊）の隊長である安東常久は明の主将・李如松を捕らえましたが、李如梅が兄の救出に成功。常久は如梅の矢を受けて戦死しました。

立花勢3千は兵1万人に匹敵

明の副将の楊元が火軍（火器装備部隊）を率いて援軍に来ると立花勢はこれと抗戦して撃破。このとき、もう一人の金備え隊長の小野成幸や小野久八郎、立花一門の戸次鎮林が戦死。このように大きな被害を出しながらも立花軍が明軍を食い止めたため、戦いは日本軍の勝利となり、明軍は平壌まで撤退しました。大将・小早川隆景は「立花勢3千は兵1万人に匹敵する」と激賞しました。

これを見ると分かるように、立花勢は中堅の将校が命を惜しまずに働き、次々に戦場に斃れていきます。これこそが立花勢の強さではないでしょうか。彼らはなぜ、命を捨てられるのか。そこで、まことに安直ではありますが、家臣みなが主君である宗茂に惚れ込んでいたのではないか、という推測が成立するのです。

立花宗茂の戦場での卓越。それは家臣たちの主君への忠義、もっと現代的に表現すると愛情がもたらしたものだった。安直なロマンは排除すべきだと説きながら、結局は情感に溢れる結論に達することになりました。ともかくも、立花宗茂という人物は、どこから見ても魅力的な武将なのです。

過酷な日常で人間力を磨いた武将

養父から立花家を継ぐのにふさわしいか吟味されるなか
立花家臣の薦野《こもの》増時と妻の立花誾千代《ぎんちよ》の存在に苦悶した

実父も養父も別の家の当主に

武家社会の根本原理は、主人と従者の「主従の絆」です。従者は戦場において、主人のために命を投げ出す。これが究極の「奉公」です。主人は従者の献身を受けて、従者の領地を保証し、新たに与える。土地は不動産。500年後も1千年後も変わらぬ財産と認識されていました。これが「ご恩」です。

従者の誉れは、格別な手柄を立てることではない。主人の馬前で討ち死にを遂げることです。それを受けて、主人は従者の「家」を対象として「ご恩」を与える。ですから、主従関係は「人と人」の関係であるし、「家と家」の関係でもある。自らの命の保全より、武士は自身の「家」の繁栄を切に願うのです。

武士にとって本領は「一所懸命」の土地。その土地を家の名とした。上総国の上総氏、三浦半島の三浦氏、畠山荘の畠山氏のごとく。土地を守り、家を次代に繋ぐ。それが武士の使命だったのです。

ところが時代が移ると、武士のサラリーマン化が進行し、武士は本来の土地を離れるようになり、便宜的に別の家を継承するようにもなりました。戦国大名では、豊後の大友氏が、家臣の「家」をしばしばシャッフルしています。

商都・博多に大きな影響力を行使する城が、立花山城。この城を本拠とする立花氏は長く大友氏に従っていたのですが、毛利氏の勧誘を受けて謀反を起こします。大友宗麟はこれを鎮圧すると、配下の有力部将である戸次《べっき》鑑連《あきつら》に立花山城を与え、立花家を継がせました。ここに、勇将として名高い立花道雪が誕生したのですが、道雪は終生、戸次鑑連、もしくは戸次道雪と名乗りました。立花も戸次も大友の分家で、どちらも名門に変わりはない。ならば自身の生家である戸次を名乗りたい、と考えたのかもしれません。

道雪には男子がいなかったので、高橋紹運の長子である統虎を養子にもらい受けます。いうまでもなく、これが立花宗茂です。宗茂は養子だったわけですが、実父の高橋紹運《じょううん》も元々高橋の生まれではありません。大友家の庶流、吉弘家の人です。高橋家は大友の庶流ではなく、大友の始祖が九州と関わりを持つ前から大宰府周辺に勢力を張っていた、大蔵氏の一流です。大友宗麟は若き吉弘鎮理に高橋を継がせて高橋鎮種《しげたね》(法名が紹運)と名乗らせ、太宰府近くにある高橋氏の拠点、岩屋・宝満の2城を与えました。

もう一度繰り返すと、家名は武士にとって、本領とも密接に結びつく重要なものです。自身が命を失っても「家」を繁栄させたい、本来はそういう思いから、武士は戦場で苛烈に戦ってきたのです。

ところが立花宗茂を見ると、自分は本来の家と切り離されている。それどころか、実父の紹運も、養父の道雪も、武士として生まれ育った家とは別の家の当主となった人物でした。

何度も名前を変えて「宗茂」へ

このことを踏まえて思い出すことは、宗茂が何度も何度も名前を変えていることです。統虎に始まり、鎮虎、宗虎、正成、親成、政高、尚政、俊正、経正、信正、宗茂。44歳ごろに宗茂を名乗って以降は名を変えていないので、私たちは彼のことを「立花宗茂」と呼んでいる、ということになります。宗茂はこのとき、陸奥・棚倉藩主として3万石。5年後に大坂の陣が起き、10年後に筑後・柳川城主として復活を遂げました。

姓が変わり、それ以上に頻繁に名を変える。それはどういうことか。ぼくの勝手な推測ですが、宗茂は懸命に「自分探し」をしていたのではないでしょうか。現代人が安易に口にするような、軽い「自分探し」ではなく、戦場で身命を賭して自分のアイデンティティを模索していたのではないか。

彼をそう仕向けたのは、勇将の誉れ高い養父の立花道雪でしょう。それから、道雪に心酔し、幾多の戦場を往来していた家臣たち。彼らは常に、「この若者は優れていると評判だが、見かけ倒しではあるまいな。まこと、武勇の立花家を継承するにふさわしい人物なのだな?」と吟味するような視線を向けてくる。

試される、というのは実に辛い。失敗したら失望され、見限られる。自分の居場所は瞬時になくなる。宗茂は優秀だからこそ、そうした周囲の視線を常に意識し、煩悶していたように思うのです。それは彼の人格を陶冶したでしょうが、若き日の日常は、常人ならば叫び声を上げて逃げ出したくなるほどに、辛く、耐えがたいものだったかもしれない。

でも試行錯誤した結果、彼は魅力的な人間性を錬磨することに成功した。家臣からも、同輩からも、将軍の家康・秀忠からも評価され、愛された。おれはおれでいいんだ。宗茂という名で安定したとき、彼はそう思ったのかもしれません。

それでも、です。彼の心には、2人の人物から受けた深い傷が残ったんじゃないかな。まず立花家臣の薦野増時です。増時は宗茂より前に、立花の養子に、と道雪に請われた傑物でした。彼は宗茂が関ヶ原の敗戦により柳川城を失うと、筑前の黒田家に仕官した。宗茂が柳川城を回復しても、そのまま黒田家に残り、二度と立花には帰らなかった。しかも道雪の墓守と称し、元和9年（1623年）に亡くなると、道雪の墓の隣に葬られた。こうしたことを聞いた宗茂は、果たして平静でいられたでしょうか。

妻の立花誾千代に拒絶され…

もう一人が立花誾千代。いうまでもなく、道雪の娘で、宗茂の妻です。彼女は秀吉の命で柳川城主になった夫を認めなかった。彼女を苛立たせたのが、宗茂が立花城を手放したことか、大友家を離れたことかは分かりません。でも、理由はどうあれ、宗茂がもっとも大切に思っていた人物、「がんばったね」という言葉を貰いたかった人物が誾千代だったことは間違いないでしょう。その彼女は柳川城に入ろうとしなかった。宗茂は拒絶されたたのです。これはきついなあ。

名将として名を轟かせた立花宗茂。彼が勇気に満ち、武勇に秀でていたことに疑問の余地はありません。しかしそれ以上に、彼は苛酷な日常にあって、人間力を磨いた人物だったのではないでしょうか。それが宗茂編のまとめです。

第6章

徳川秀忠第2代将軍は優秀だった

小早川秀包《こばやかわひでかね》

小早川家を廃嫡された無念の武将

毛利家から養子になり命懸けでめざましい武功を残したが
関ヶ原の戦いで敗北後は小早川姓を捨て大徳寺で剃髪した

豊臣秀吉からも気に入られて

妙な話というか、グチから始めることをお許しください。ぼくが勤務している史料編纂所は日本の前近代史を編纂する研究所です。助手として入所するには試験に合格する必要があり、1次試験が筆記問題、2次では論文の審査があります。

本所では、20代後半で助手（定員約20）として入所してから、外部の大学に出ることなく、助教授、教授（共に約20）へと昇進していきます。入所時に厳しい試験を課している、という理由で、こうした人事が認められています。ほぼ年功序列で昇進し、40歳で助教授、50歳で教授というのが基本でした。

ところが年金受給が引き上げられたため、東大教員の定年が60歳から65歳になった。このため、教授はラッキーですが、助教授・助手の昇進は頭打ちになってしまった。40代前半で教授に上がる人もいたのに、ぼくが昇進できたのは50歳のとき。運ですから仕方がないのですが、コレはきつかった。入試の監督などで他学部の先生とご一緒すると、若々しい教授が疲れた助教授のぼくにあれこれ指示を出す。いやでしたねえ。なにいってるんだ、人事なんて運だ。会社なら普通のことだぞ、とのお叱りはもっともですが、やはり自分の待遇が自分のあずかり知らないところで変わる、というのは辛いものです。

今回はそんな目に遭った戦国武将の話をしようと思います。なまじ有能だったから（うん、ぼくと同じだ　笑）、苦しんだのではないでしょうか。その人物は小早川秀包です。

秀包は永禄10年（1567年）生まれで、毛利元就の九男。元就は愛妻家で妻一筋。三男一女を儲けました。でも彼女は元就が50歳のときに亡くなりました。まだ体が若かった元就は、ここから何人かの女性を妻妾として迎え、男子だけでも6人の子を授かりました。秀包誕生時、父の元就はなんと71歳、毛利家の当主は長兄の子の輝元。甥ですが年齢は秀包のはるか上、14歳でした。

13歳のときに、子どものいなかった兄の小早川隆景の養子となりました。元服して小早川元総《もとふさ》。天正11年（1583年）、人質として大坂の羽柴秀吉のもとに送られました。秀吉は彼をたいそう気に入り、「秀」の字を賜って、秀包と改名します。

翌年からは秀吉のもろもろの合戦に従軍しました。天正13年（1585年）、四国征伐に参戦すると、今度は伊予に3万5千石を与えられました。

天正14年（1586年）から始まった九州征伐では養父の隆景に従って豊前小倉城・宇留津城・香春嶽城を攻略するなど、大活躍をしました。戦後に隆景は筑前・筑後で37万石の大名に。秀包は別に筑後3郡、7万5千石を領有しました。翌年には久留米城を築き、城下町を整備しました。

豊臣秀俊が隆景の養子になり

同年、肥後で大規模な国人一揆が起きると、討伐軍の総大将として出陣して戦功を上げました。このとき立花宗茂と共に戦い、意気投合した二人は義兄弟の契りを結んだといいます。時に秀包と宗茂は21歳でした。

この後、秀包は兵1千500を率いて朝鮮に出兵します。立花宗茂と協力して各地でめざましい働きをし、５万５千石を加増されて13万石の大名となります。慶長の役でも再び渡海し、このときも果敢に戦いました。

こう書いていくと順風満帆の人生に見えますが、彼にとって大事件が起きていました。文禄３年（１５９４年）、秀吉の養子の豊臣秀俊（後の小早川秀秋）が隆景の養子として送り込まれたのです。秀俊は豊臣政権の後継者候補№２の貴公子でしたが、秀頼が生まれたために、一転してジャマ者になった。秀吉は実子がいなかった毛利輝元の養子に、と狙っていたが、隆景は小早川家に引き取ることで、毛利本家を守ったのです。

秀吉と隆景の思惑はどうあれ、秀包は小早川家を廃嫡され、別家を創設することになりました。養父の隆景が没したら博多35万石あまりを継げるはずが、久留米13万石のままになったわけです。目の前にぶら下がった食料を奪われたのですから、無念でないはずがないでしょう。武将として優れていただけに、秀包はどれほど落胆したか。

慶長５年（１６００年）の関ヶ原の戦いでは西軍に加わり、京極高次の籠る大津城を落としました。けれども関ヶ原での決戦には参加できませんでした。小早川秀秋の内応によって西軍が敗北すると、徳川家康からの改易の沙汰が待っていました。

このとき彼は、小早川姓を捨てて、毛利姓に復し、大徳寺で剃髪して玄済道叱《げんさいどうひん》と名乗りました。彼はキリシタンだったのですが、もうどうでもいいや、と思ったのでしょうか。大坂から毛利輝元の元へ帰る途上で発病し、慶長6年（1601年）3月に、下関で病没しました。35歳でした。

白井景俊という人物は秀包の筆頭家老でした。30年にわたって秀包に仕えていました。彼は秀包が没すると、追い腹を切りました。それがしには殿の無念が痛いほど分かりますぞ。景俊は主人のやるせなさに付き合ったのでしょう。

関ヶ原では西軍に属したが…

秀包は養父の隆景や秀吉に、恩義を感じていたでしょうか？　ぼくは否、だと思いますよ。そんなお人好しじゃあないでしょう。小早川家の名誉のために、と命がけで戦った。結果をきちんと出した。それなのに、自分の知らぬ事情で小早川家から追い出された。散々働かせたくせに、13万石の大名の地位なんぞでごまかせると思うなよ。そう憤懣を抱えていたのではないでしょうか。

だから彼は、西軍につく義理なんてないんです。でも毛利家総帥の輝元が西軍の大将を拝命し、やむなく西軍に属した。ところが肝腎の決戦では、吉川広家が家康と連絡を取って毛利勢は不戦を決め込みました。そのうえで小早川秀秋の裏切りがあり、西軍は敗れてしまった。いったい何がどうなっているんだ。裏切りたいのは、オレの方だ！　秀包はそう叫びたかったでしょうね。

徳川秀忠《とくがわひでただ》

「およつ御寮人事件」で激怒した将軍

娘・和子の入内を進めていたが後水尾天皇と四辻与津子との間に親王が誕生したことで天皇側近を処罰し朝廷の粛清に動いた

怒りの真の対象は天皇その人

豊臣家が滅び、徳川家康も大往生を遂げた数年後の元和5年（1619年）、およつ御寮人事件という、何とも不思議な事件が起きました。2代将軍・徳川秀忠を戴く江戸幕府が、時の後水尾天皇の側近である公家6名を処罰したのです。最も重い責任を問われた権大納言・万里小路《までのこうじ》充房《あつふさ》の名をとって、万里小路事件ともいわれています。

事件の前年である元和4年（1618年）、典侍《ないしのすけ》の地位にあった四辻与津子（この女性が、およつ御寮人）と後水尾天皇との間に、親王（賀茂宮）が誕生しました。慶事であるはずなのですが、娘・和子の入内を進めていた秀忠と御台所・江は激怒します。しかも与津子が続けて第二子を懐妊したと聞いた秀忠は、元和5年（1619年）9月18日、与津子の振る舞い甚だ宜しからずとし、和子入内を推進していた武家伝奏（武家、すなわち幕府の意を宮中に伝える貴族。おおよそ親幕派貴族が任じられる）の広橋兼勝とともに、朝廷の粛清に動きます。

　結果として、朝廷に力を有していた権大納言・万里小路充房は監督責任を問われて丹波篠山藩に配流、与津子の実兄である四辻季継、高倉嗣良は豊後に配流、更に天皇側近の中御門宣衡、堀河康胤、土御門久脩は出仕停止になりました。武士でいうと、閉門・蟄居になります。

　もとより、秀忠の怒りの真の対象は、天皇その人でした。でも流石に正面切って天皇に文句を言うわけにいきませんので、その近臣を処罰したわけです。むろん、天皇は秀忠の真意を理解しています。それで憤激して退位しようとするのですが、江戸幕府の使者であった藤堂高虎（伊勢・津32万石の藩主。身長は190センチメートル、体中に戦場での傷跡があり、右手の薬指・小指は欠けていたそうです。顔もさぞ恐ろしかったでしょう）が天皇を恫喝、与津子の追放・出家と和子の入内を強要しました。

　高虎は、もし天皇が幕府の意を受け入れないなら、使者たる私は御所内で直ちに腹を切る、と脅したそうです。御所はもっとも清浄であるべき場。そこを己の血で汚すというのですから、穏やかではありません。結局は朝廷側が折れ、元和6年（1620年）6月18日に和子の入内が実現。秀忠は満足し、今度は処罰した6名の赦免・復職を命じる大赦を発するよう、天皇に強要しました。

公家たちは朝廷に復職しましたが、与津子は出家して嵯峨に隠棲したまま、戻りませんでした。彼女は50歳で亡くなったと伝わり、甥の上杉定勝（与津子の姉妹が上杉景勝に嫁いで産んだ、米沢藩2代藩主）によって供養が行われています。彼女が産んだ賀茂宮は元和8年（1622年）に死去、元和5年（1619年）6月に生まれた文智女王は寛永8年（1631年）に鷹司教平（権大納言・左大将）に嫁ぎますが離縁、出家して大和に隠棲したそうです。

情緒を理解しなかったのか？

これがおよつ御寮人事件の顛末ですが、はじめにぼくは「何とも不思議な」事件と書きました。どこが不思議なのか。

親王が産まれたとき、後水尾天皇は23歳。与津子は『真敬法親王日記』に従うなら30

歳。与津子の年齢は当時であれば高齢ですが、兄の猪熊教利は天下無双の美男子と謳われたほどですので、彼女もまた美人だったのではないでしょうか。恋愛に支障はなにもない。また彼女は先述したように、典侍でした。この役職は天皇の身の回りの世話をする女官のトップ（その上に尚侍《ないしのかみ》があるが、置かれないのが常だった）。典侍が天皇と男女の関係になることはしばしばあったし、当然、子をなすことも少なくなかった。

宮中といえば、大河ドラマで注目を集めている『源氏物語』の絢爛たる世界です。光源氏をはじめとする登場人物は様々な恋愛模様をくり広げる。貴族たちはこの物語を愛好していた。歌を詠み、『源氏』を読む。これが貴族の教養でもあったのです。年上の女性との恋愛というなら、光源氏は17か18歳で、60歳近い源典侍という女性と同衾しています。ですので、後水尾天皇と与津子の恋愛に、どうして秀忠は目くじらを立てたのか。そこが不思議、よく分からないのです。将軍ともあろう方が、日本を代表する文学、傑作中の傑作である『源氏物語』を知らないのか。情緒を理解しない、教養のない人物だったというのでしょうか。

ただし、ここでぼくたちが知っておくべきことがあります。今や『源氏物語』は世界から認知され、日本の誇りになっています。けれども、いつもそうした高い評価を得ていたわけではないのだ、ということ。『源氏』に限らず、物語全般を「女・子どものもの」とする風潮は、宮中にすらありました。そのため、『源氏』が貴族みなの教養になったのは、室町時代も中期から、といわれます。

また、後水尾天皇の子である後光明天皇は「ひまさえあれば歌を詠み、『源氏』なぞを読みふけっていたから、我々公家は武家に権力を奪われたのだ」という見解を日ごろからもっていたそうです。もっとも、父の後水尾上皇から「あなたは歌を作るのが苦手なせいで、そんなことをいうのか?」と問われたところ、後光明天皇はたちどころに10首あまりの秀歌を作ってみせた、というオチは付随しているのですが。

「男らしい」イコール『源氏』嫌い

明治からの富国強兵、質実剛健を是とする社会でも、当然のように政治や軍事に重きを置かない『源氏』への批判はありました。内村鑑三などは「こんな物語はこの世から消えてしまえばよい」というほどに毛嫌いしていたそうです。

男らしい、イコール『源氏』は嫌いであるべし、という紋切り型の理解も横行していたようで、そんなことを踏まえて敗戦後、田辺聖子氏は「男が主導した戦争が失敗に終わった今、『源氏』は輝きを取り戻す」という趣旨のことを話しています。

このように『源氏物語』を通じて見ていくと、当時の公武関係の雰囲気と、およつ御寮人事件の真相に近づけるように思います。そこで次いでこの事件での対応を素材として、事件の一方の当事者である徳川秀忠の内面に、思い切って切り込んでみたいと思います。

『源氏物語』からわかる「朝廷の無策」

秀忠の逆鱗に触れた四辻与津子の背景を辿っていくと朝廷内で乱交をくり広げ処罰された美男子貴族にぶち当たる

飢饉も「他人ごと」だった朝廷

大河ドラマに取り上げられて、『源氏物語』が注目を浴びています。徳川秀忠を考察する前に、文学と社会の関係について、見ていきましょう。

紀貫之は『古今和歌集』の序文に、「天地を動かし、鬼神を感ぜしめ、人倫を化し、夫婦を和すること、和歌より宜しきはなし」と記しました。和歌を詠むことは単なる文化活動ではなく、万物を動かすのだ、と。この一文はたいへん有名で、江戸時代の狂歌には、「歌詠みは下手こそよけれ　天地《あめつち》の動き出されてたまるものかは」（作者は宿屋飯盛）とあります。

貴族が文化活動として和歌を詠む。それは文化的な価値を持つだけでなく、社会にダイレクトに働きかけるものだ。そういう評価は国文学では十分に「あり」でしょうね。でも歴史研究者はもっと冷静に、事態を観察しなくてはならないのでは？　ぼくは大学生のころから、そう思っていました。精神的な行為が物理的な行為より優位であるというのは、生活に困っている多くの民からすると傲慢ですらある、と思っていたのです。

源実朝を評価するときにぼくの先輩のSさんは、「和歌を詠むことで将軍としての責務を十分に果たした」と評価します。あほか。将軍がどれほど秀歌を詠んだとしても、困窮する民のおなかはふくれません。

古今を絶する和歌の名手、藤原定家は、源平の争乱に際して「世上の乱逆追討、耳に満つといえども、これを注せず。紅旗征戎わがことにあらず」と自身の日記に記しました。「いま私の為すべきは歌の修練である。世の動きに惑わされることなく、私は歌道に精進するのだ」。いわば「芸術至上主義」を宣言する若き定家の姿勢は、国文学では高く評価されてきました。圧倒的な時代の奔流のただ中に置かれた一人の人間としての感慨として読めば、たしかに十分に共感できると思います。

でも社会を世俗、取るに足らぬものとして切り捨てる彼の意識は、後年になっても変わりませんでした。源平の戦いから40年経った寛喜の大飢饉に際して彼は記します。「京都の街中が死体で溢れ、その光景は陰惨そのものだ。遺体の腐敗臭が屋敷の中まで漂ってきて、とても耐えられるものではない」。彼が日記（『明月記』）に書き止めてくれたので、後世のぼくたちは飢饉の凄惨さを知ることができます。

でも、ちょっと待って下さい。そのとき彼は中納言、すなわち朝廷の第一級の政治家になっていました。それなのに、なぜ定家は「他人ごと」なのか。政治家としての自分が無策だから、多くの人々が苦しみ抜いて死んでいくのではないのか。その責任について、どうして自覚がないのか。

国文学的にはスーパースターである彼は、歴史学的にはクズに見えてしまうのです。それをいったらオシマイだよ。そういう声はあるでしょう。でもぼくは、歴史を高踏的に見ることはできません。飢餓に苦しみ、朝廷の無策によって倒れていく名も無い人々に意識がシンクロしていくのです。

業平の所業は歴とした犯罪だ

徳川吉宗将軍の頃、松平忠周（1661～1728年）という人がいました。信濃・上田の藩主で京都所司代に任用されました。彼は風雅を解したので、貴族たちと交流することができた。あるとき古典である『伊勢物語』を読む会が開かれ、貴族たちは在原業平が天皇の妃として入内する予定の藤原高子と駆け落ちするシーンを「これぞ恋の極みである」「天晴れ私たちもかくありたいものだ」と口々に賛美したのです。

すると会に出席していた忠周が姿勢を正して話し出しました。「諸卿は何か勘違いをしておられます。未来の皇后を拐《かどわ》かす業平殿の所業は、歴とした犯罪です。諸卿がもしもこのような挙に出られたとすると、京都所司代を拝命している小職は、これを捕縛し断罪しなければなりません」。現実に引き戻された貴族たちは青ざめたでしょうが、この話を聞いた将軍の吉宗は「だからこそ私は彼を京都に置いたのだ」とご機嫌だったそうです。忠周は後に老中に昇りました。

前回、『源氏物語』の評価には世の動きにつれてブレがある、と書きました。まさに国文学と歴史学の視点の相違が、ここに現れているのではないでしょうか。現代では多くの人が、ダイレクトに文化に触れることができます。芸術は多くの人の精神を豊かにしてくれる。でも江戸時代、さらに平安時代はどうでしょうか。素晴らしい芸術はセレブに独占され、人々にまで届きません。貴族社会はたったの500人ほどのコミュニティでした。貴族と下々は直接の接触をもちません。光の君がだれと恋をしようが、だれを妻に迎えようが、雑誌のないあの時代、人々は知ることができなかった。

豊臣秀吉は天下人である自分を「関白」として位置づけたせいか、それとも出自のコンプレックスを朝廷を後援することで払拭したかったのか、ともかく時代に乗り遅れて貧しい状態にあった朝廷に十二分な資金を注ぎ込みました。そのため、朝廷は秀吉の時期に、一種のバブルのような状態にあったといえるでしょう。その素地があって生起したのが、猪熊教利事件というスキャンダルでした。

天皇が激怒した猪熊教利事件

猪熊教利は中級の貴族（禄高は200石）でしたが、在原業平や光源氏にたとえられる無双の美男子でした。彼は仲間の貴族と共謀し、朝廷の女官たちと乱交パーティをくり広げていました。女性たちのメンバーには後陽成天皇の寵愛を受けていた人もいて、そのために事態を知った後陽成天皇は激怒。次代の天下人となった徳川家康に教利以下、関係者を厳罰に処すことを強く要求しました。

家康は辟易したようですが、天皇の態度は頑なであったため、結局は教利を死罪とすることで残りの関係者の罪を減じ、公卿7人、女官5人は配流で済ませたのです。

さて、ようやくここで、徳川秀忠が登場します。彼の逆鱗に触れたお与津さん、この人は教利の妹だったのです。

家康が信頼を置いた第2代将軍

いつ亡くなってもおかしくない年齢に差し掛かった家康がようやく豊臣家潰しに動いたのは秀忠を評価していたからだ

和歌の中心テーマは「恋」だと

文壇に大きな発言力をもっていた丸谷才一氏は、日本の文化の粋は和歌にあり、和歌の中心テーマは男女の「恋」である。だから、日本文化の中心には「恋」があるのだと喝破しました。これは中国とは随分違います。漢文による文芸は漢詩ですが、漢詩には女性は出てこない。社会の担い手、文化の担い手であるべきは男で、男が追求するに足るものというと政治、軍事、経済。女性とのお遊びは二の次、と表向きは主張するのです。

「恋愛」という言葉があるように、恋と愛は切っても切れぬ関係にありますが、現代は「愛」の花盛りですね。テレビは「愛は地球を救う」と訴えていますし、ビートルズも

「愛こそはすべて」と歌う。

でも日本の歴史を振り返ると、「愛」という言葉は使われない。直江山城は「愛」の文字を前立てにした兜を被っていましたが、あれは軍神である愛宕権現か、愛染明王への信仰心を表現している。現代の「愛」に近い概念は「仁」ですが、これは民を慈しむようなときに用いる字であり、男女間の情愛を意味しません。

日本の歴史では、「恋」が大切です。また、この文字を好んで頻用するのは、文化をリードしていた貴族です。武士は使ってないなあ。むしろ江戸時代の庶民が、文化を理解し初めて「恋」を語る。「心中物」がはやったりします。

ところが武士はこれが気にくわない。享保7年（1722年）、心中物の出版は禁止され、翌年には心中そのものが禁止されます。心中した男女の遺体は裸にして晒す。埋葬を許可せず、朽ち果てるに任せる等々、きわめて残酷な内容でした。もちろんこれは、社会の秩序からの逸脱を制止する、という目的をもっていた措置ですが、そういう難しいこと以前に、武士は基本的に男女のふれあいが嫌いな、ヤボ天だったのでしょう。幕府がヤボになったのはいつからか。ぼくは、その基本路線を敷いたのは、2代将軍秀忠だったのではないかと推測し、彼の人生を追ってみます。

徳川秀忠は天正7年（1579年）、徳川家康の三男として浜松城で誕生しました。母は、西郷局。秀忠が誕生してから5か月後、長兄・信康が切腹しています。次兄・秀康は家康に愛されておらず（認知すら渋々）、母親が筋目の正しい出身だったこともあり、秀忠は早くから、世子として処遇されていました。秀吉からも厚い待遇を受けています。

12歳、もしくは13歳で元服し、秀吉の一字を貰って秀忠と名乗ります。文禄4年（1595年）9月、17歳のときに、淀殿の妹、お江と婚姻しました。お江は秀忠より6つ年長の23歳、二度の結婚歴があり、二度目の夫との間に一女を儲けていました。秀吉の妹の旭姫と婚姻した（させられた）父・家康ほどではないにせよ、かなりな罰ゲームに思えます。2人の間には千姫、珠姫、勝姫と女の子が生まれ、その後に家光が生まれました。

興味深いのは、珠姫と勝姫の間（一説には勝姫と家光の間）に長丸という男児がいたことです。この子の母は出自が明確ではありませんが、秀忠は自らの幼名を付けて育てていました。この子は2歳で亡くなるのですが、もし成長することができたなら、嫡男になったのか、それとも庶子として退けられたのか。判断に苦しむところです。

徳川家の軍事力整備を任され

慶長5年（1600年）の関ヶ原の戦いでは、東海道を進む家康本隊に対して、中山道を通る別働隊の指揮を命じられました。信濃国の上田城を攻撃している最中の9月8日に家康に即時西上の命を受け、行軍を急ぎましたが、9月15日の関ヶ原本戦には間に合いませんでした。

関ヶ原への遅参により、秀忠は父から激しく叱責されたと広く認識されています。ですが東西両軍の戦いは、流れの中で始まったものであり、日時も場所も予定されたものではありませんでした。ですから、彼が失態を犯した、というのは奇妙な話です。9月20日に大津に到着した秀忠への家康の叱責は、急な行軍で軍を疲弊させたことが原因と見るべきです。もちろん、秀康、秀忠、忠吉の3人を候補とし、後継者の選定が実施された、などという話は信じるに足りません。

慶長10年（1605年）、家康は将軍職を秀忠に譲りました。ただし実権、つまり軍事と政治の最終的な決断権は、大御所・家康が掌握しました。秀忠には、徳川家の軍事力の整備が任されました。将軍就任と同じ慶長10年には親衛隊として書院番が、翌年に小姓組が創設され、将軍に直結する軍事力が強化されました。家康が長く畿内における拠点としていた伏見城も、慶長12年ごろには秀忠の支配下に位置づけられています。慶長15年（1610年）閏2月、秀忠は、三河国田原で大規模な巻狩を挙行しました。この狩に動員された人数は、同行した本多忠勝によれば4万人強とされます。かつて源頼朝は富士の巻狩りを行いましたが、秀忠はそれに倣い、徳川家の権威誇示と軍事演習を行ったものと推測されます。

秀忠の軍事力の整備を評価したのでしょうか、家康は財政の譲渡を行い始めます。慶長16年（1611年）、これまで駿府へ収めさせた上方の年貢は、江戸に収めるように変更されました。翌年には諸国にある天領の内、多くが江戸へ年貢を納めるようになりました。秀忠のいる江戸が日本列島の財政の中枢になったのです。

豊臣家潰しに時間をかけたわけ

このあと、いよいよ家康は豊臣家を潰しにかかります。ぼくはなぜ、家康はこれほどに時間をかけたのか、疑問に思っていました。もちろん、豊臣家を滅ぼすことは重大事であり、失敗は許されません。家康の性格ならば、慎重に、慎重に事を運んだのだろうとは、容易に推測できます。でも、問題は家康の年齢です。

当時の平均寿命からすると、家康はいつ亡くなってもおかしくない年に差し掛かっていた。それなのに、なぜ?

それは、前述の秀忠の様子が答えなのかもしれません。家康は秀忠とその周囲の判断と行動に信頼を置いていた。これなら、俺がいなくても、徳川は安泰だ。然るべき準備をして、豊臣を滅ぼすことができるだろう。家康はそう考えていたのではないでしょうか。

妻・お江を愛し尊重した「堅物」な将軍

およつ御寮人と後水尾天皇の間に2人の子ができたことに激怒したが
それは朝廷への政治的ポーズではなく嫌悪感の発露だった

戦場経験を聞くことを好んだ

秀忠は関ヶ原の戦いに遅参したわけではない、と前項に記しました。これは論理的に考えれば分かることで、家康も三成も「○月○日、関ヶ原に於いて決戦を行わん」と約束していたわけではありません。東西両軍が激突した場所も日にちも前もって決まっていたわけではない。

三成はもともと豊橋辺りに防衛ラインを敷こうとしていたのですが（『真田家文書』）、清洲の福島正則の東軍加担と、わずか一日での岐阜落城（米野の戦いなど周辺での戦いを含めても二日）を踏まえて、大垣城、南宮山、松尾山の三段構えで陣を構築、東軍を迎え撃ちました。

　これに対して家康率いる東軍は、東軍に味方する予定の小早川秀秋が松尾山に布陣したことをチャンスと捉え、畿内への乱入を画策して関ヶ原付近に進出します。このとき、家康は秀忠とその指揮下にある3万余り（歴戦の徳川本隊はこちら）を待っても良かった。でも「いま戦えば勝てる」と踏んだ家康は兵を動かし、みごとに西軍を粉砕した。ですから、秀忠は「遅れた」わけではありません。まして、そのことで家康の後継者としての立場が危うくなった、なんてとんでもない。彼はもちろん、戦いの前も後も、後継ぎとして遇されています。

　それでも、徳川の一大合戦に間に合わなかった、という事実は、秀忠のプライドを大いに傷つけたようです。このあと秀忠は実戦への参加を渇望しています。慶長19年（1614年）に大坂の陣が始まると、10月23日、江戸を出陣した秀忠は行軍を強行、駿河を出発して京に向かった家康から数度スピードダウンを命じられたにもかかわらず、急ぎに急いで11月7日に近江国永原（滋賀県野洲市）に到着。追いつけなかった麾下の軍勢をこの地で待って、数日逗留しています。また、大坂城攻撃については力攻めを主張。家康にたしなめられています。

秀忠は自分がいくさをしたかったのみならず、戦場経験を聞くことを好みました。伊達政宗や立花宗茂、丹羽長重といった武将を側近とし、話をさせたのです。宗茂と長重はとくにお気に入りだったらしく、関ヶ原の戦いで西軍に与したために領地を没収されていた二人は、秀忠によって10万石の大名として復活しました。宗茂は筑後・柳川の旧領をほぼ回復し、城作りの名手と謳われた長重は陸奥・白河に封じられて、東北には珍しい「石垣を備えた城郭」を築きました。世代的に武功に恵まれなかった「徳川の総大将・秀忠」は、必要以上に「精神的マッチョ」になったものと推測されます。

「精神的マッチョ」としての振る舞いを、ぼくは秀忠の女性関係に見ることができるような気がします。秀忠は夫人のお江の方との間に2男5女を儲けました。長女・千姫は豊臣秀頼夫人。次女の珠姫は加賀100万石の前田利常夫人。三女・勝姫は、越前の松平忠直（秀忠の兄、秀康の嫡子）夫人。四女・初姫は鎌倉以来の名門、松江藩主の京極忠高（京極家はお江の方の姉、お初の方の嫁ぎ先）夫人。その次が男子2人、家光と忠長で、五女・和子は後水尾天皇の女御（のち中宮）として入内しています。

お江を怖れる必要は何もない

秀忠というと恐妻家、のイメージがありますが、本当でしょうか。そもそもお江という女性には後援者がいません。姉の淀殿が秀吉の寵愛を受け、子どもを産んだからこそ、彼女の利用価値もはね上がり、秀忠の妻として起用されたわけです。彼女自身は「特別な女性」としての物語を持ち合わせていません。徳川の後継者として産まれたときから大切に育てられた秀忠が、彼女を怖れる必要はない。

とくに豊臣秀吉の没後は、いつでも離縁できたはずです。また、次女と三女の間には、他の女性（身元は不明）とのあいだに長男の長丸（秀忠の幼名でもある）を儲けています。彼は数え年2歳で亡くなっていますが、もし成長していたら後継ぎになっていた可能性があった（家光と忠長のように、長子相続を定着させてお家騒動を避けるため）のではないか。

秀忠には妻を怖れる必要は何もない。それでも側室を置かなかったのは、一部の研究者が説く、側室の設置には正室の認可を必要とした、とかの謎ルール（秀吉・家康はもちろん、他の大名家の奥向きでも存在を立証できません）のせいではなく、秀忠がお江さんを愛して尊重していたから、とする方が自然だと思います。「精神的マッチョ」ゆえに秀忠は、お江さん一人を愛した。他の女性たちとの恋愛を楽しむ、などという破廉恥な（？）

行為はしなかった。保科正之を授かったのが例外、というところでしょう。

この夫婦は、お江さんがおっかない妻だったというよりは、秀忠の側が、当時の権力者としてはあり得ないほどの「堅物」だったのだと思います。

そんな「堅物」であるが故に、およつ御寮人と後水尾天皇の間に2人の子がある、という情報を受け取って、秀忠は激怒したのでしょう。「雅《みやび》な空間」に生きる天皇が、女官との間に子を儲ける。これは多少の教養があれば、「うん、あるある」と理解できる事態です。「『源氏物語』も『伊勢物語』も読んだことはない。私には古典の教養がありません」というに等しい。よくもそんなヤボをいえたものだ、と驚きます。

武家のルールを朝廷にも適用

身分的に上位にある人が娘を下位者に嫁がせる。この場合、上位者の娘の夫は、他の女性を側室に持つことはない。それが武家におけるルールだと思います。たとえば前田利長は信長の娘を妻として、子どもがなかったけれども側室は持たなかった。家康の長女を妻とした奥平信昌には側室はいない。井伊直政は家康の養女を妻としたため、側室はいたけれど、高崎城内に入れなかった。

秀忠の激怒は、当時の天皇と将軍の上下関係を踏まえた政治的なポーズ、というよりも、「堅物」秀忠の嫌悪感の発露、と捉えるべきではないか、という感じがします。秀忠は武家のルールを「雅やかな」朝廷にも押しつけた。このことをもって、「マッチョ」で「ヤボ」、良い意味では「真面目」な江戸時代が始まる。ぼくはそう捉えています。

榊原康政《さかきばらやすまさ》

武辺から武将になった四天王の一人

徳川軍の優秀な軍事指揮官として家康に引き上げられた後は有能な行政官の才能を発揮して館林に10万石を与えられた

家康から「康」の字を与えられ

今回は徳川四天王の一人、榊原康政を取り上げます。もちろん「四天王」などという言葉や評価は、当時のものではありません。でも家康から与えられた領地の大きさや戦績から見て、彼が徳川家臣団でトップクラスの傑物と見なされていたことは間違いありません。康政の人生を通じて、徳川家康が望んだ「武士の姿」を具体的に考えてみましょう。

榊原氏は三河仁木氏の一族を称しています。あくまで自称なので、どこまで信用できるか、正直なところ分かりません。とくに康政の系統は松平氏の家臣であった酒井忠尚に仕える家柄だといいますから、出身自体はまったく目立つ存在ではありませんでした。

康政は天文17年（1548年）、そうした榊原の家に、三河国上野郷（愛知県豊田市上郷町）で誕生します。家康より6歳年少でした。幼い頃から勉学を好み、書を読み、字が大変上手かったそうです。13歳のとき、松平元康（後の家康）に見出されて小姓となりますが、ここがポイントです。康政は名門の出身ではない。彼を選択したのは、あくまで家康個人だった。そしてそのあとに立身できたのは、チャンスをものにした康政の資質あってこそ、ということなのです。

一向一揆との戦いで16歳で初陣。このとき家康から武功を賞されて「康」の字を与えられます。また兄がいるのに家督を相続したようですが、兄を差し置く云々について問題が起こるほどの家ではなかったと思われます。

永禄9年（1566年）、19歳で元服して「康政」を名乗ります。同年齢の本多忠勝と共に旗本の隊長に任じられ、50騎を部下として付けられます。小田原北条氏や北関東の結城氏の軍役を参照すると、馬に乗る武士には3人ほどの歩兵がついていますとなると、康政は全体で200人ほどを率いていたと思われる。これは注目すべきです。

というのは、200人というのは、旧帝国陸軍や自衛隊では「中隊」の規模になります。中隊長は大尉が務めるのですが、良い中隊長というのは「オレに続け！」と、勇猛果敢に部下の先頭に立って戦闘に飛び込める人だそうです。でも、中隊3つで構成される「大隊」の大隊長（少佐相当）は役割ががらりと変わる。自分が集団の先頭に立つのではなく、後方で戦況を掌握しながら、冷静に指揮をとらねばならない。

このことは妙な点からも納得できるのです。大人気マンガ『キングダム』などでは、いかめしい将軍が全軍に対して「よいか、皆の者～」と命令を伝達していますが、1万人からの人間に聞こえるわけはありません。まあ、フィクションですから構いませんが。ただしぼくはそこにヒントを得て、講演のときに試してみました。200人にならば、声は通ります。でも500人となると、マイクなし、は厳しい。この点からも、中隊長の声であれば部下に聞こえる。中隊は1つの緊密な戦闘集団になり得る。でも大隊を動かすときには、様々な工夫が必要になるのです。

秀吉との和睦では外交の才も

中隊長になった康政は、自ら槍を振るい、部下を鼓舞して、戦場を駆け巡ったのでしょう。三河を支配した当時の家康は、軍を3つに分けたといいます。右翼は酒井忠次に、左翼は石川数正に任せ、自身は中央の本隊を率いた。三河一国は30万石ほどですので、兵は

7千500くらい。家康の本隊は2千500とか、3千くらいでしょう。とすると、康政のような存在は10人くらいは存在した。その中で、家康のお眼鏡に適って上の地位に引き上げられたのが、康政と、同年齢の本多忠勝だった、ということでしょう。

康政は先ずは槍働き、個人的な武勇で家康に認められた。けれども、一介の勇士、ではダメです。それでは軍功を挙げるのに限界があります。オレに続け、と個人的な武勇を発揮するのが有効なのは、従える兵200ほどの中隊長まで。それ以上の兵を統率するようになればなるほど、広い視野、洞察力、戦術理解が必要になってくる。

大事なのは、これらはみな、政務を遂行するにも必要な能力だということです。優秀な軍事指揮官は、有能な行政官にもなり得るのです。康政がまさにこれ。家康の本隊の中隊長から、徳川軍になくてはならぬ指揮官となった。「一介の武辺」から「様々な仕事を担う武将」になったのです。この変化をぼくは最近、「武辺から武将へ」とまとめているのですが、中隊長としての働きぶりを観察していた家康は、康政と本多忠勝を昇進させた。それは彼らの働きが、他の武士よりも様々な場面で、すぐれていたから、ということでしょう。

康政はこのあと、家康の多くの戦いに常に参加し、手柄を立てました。率いる兵は次第に多くなり、兵を指揮する術を学びながら、熟練の武将へと成長していきました。指揮官としての働きがとくに際立ったのが、羽柴秀吉との合戦、小牧・長久手の戦いです。

天正12年（1584年）のこの戦いにおいて、康政は秀吉の別働隊を素早く叩きました。それにより、秀吉の甥・秀次の軍勢はほぼ壊滅。池田恒興、森長可を討ち取りました。家康と秀吉が和睦すると京都への使者を務めます。外交の才もあったことになります。

小田原征伐では先鋒を務める

天正14年（1586年）11月、家康とともに上洛。家康が正三位に叙せられ、康政は従五位下・式部大輔に叙任され、豊臣姓を下賜されました。秀吉としては、豊臣勢に手痛い一撃を与えた人物を厚遇することにより、自身の度量を示したかったのでしょう。

天正18年（1590年）、小田原征伐では徳川軍の先鋒を務めました。同年、家康が関東に移封されると上野国の館林城に入り、徳川家臣中、第2位の10万石を与えられています。なぜ歴史のなかった館林なのか。おそらく、関東地方にいまだ存在していた数少ない徳川以外の戦国大名の一つ、下野の宇都宮18万石、宇都宮氏に備えてのことでしょう。康政は新しい城下町をみごとに築きました。軍事も政治もできる。それが康政でした。

館林で譜代大名の責務を果たした武将

天下人の家康は「武功派」を遠ざけて康政は憤慨したとされるが誇りを持って広大な領地をしっかりと治め多くの軍勢を養った

関ヶ原では徳川秀忠の補佐役

秀吉没後の慶長４年（１５９９年）、五大老の一人、宇喜多秀家の家中で家臣たちの激しい対立が起こりました。この内紛を収めるために派遣されたのが、越前・敦賀６万石を領国とする大谷吉継と、榊原康政でした。康政は上野・館林で10万石。吉継よりも大身です。でも「スジ」の話でいえば、宇喜多家中の問題に家康の家臣が関与する、というのは妙な話です。秀吉没後の家康は、それだけ特別な地位にいたということでしょうか。

さて、そこで何が起きたのか。宇喜多詮家（後に千姫救出で活躍する坂崎直盛）、戸川達安、岡貞綱、花房正成、花房職秀ら重臣たちが浪人し、やがて徳川の家臣となったのです。かつて徳川家でも、家康の左腕だった石川数正が羽柴秀吉の元に出奔した有名な事件がありました。このとき家康は、機密が秀吉サイドに漏洩したことを前提として、徳川家の軍事編成を根本から変えた、といわれます。宇喜多家の軍事も、歴戦の部隊長がこれだけいなくなったら、ガタガタになったに違いありません。

もう一つ、注目したいのが、正木左兵衛です。浪人した重臣たちの穴を埋めるように、2万石もの高禄で宇喜多家に召し抱えられたのが、この人でした。でも彼は、この時点で何も「いくさ働き」をしていない。実績が無いのです。いざ合戦、となったときにどれだけの働きができるかは未知数。変な人事だなあ、と思ったら、なんと彼、家康の謀臣、本多正信の次男だった。のちに加賀・前田に5万石をもらって仕えた本多政重その人でした。

慶長5年（1600年）の関ヶ原の戦いで、宇喜多家は西軍の主力として奮戦したことになっています。でも内情をよく見ると、重臣たちはごっそり引き抜かれているわ、徳川のスパイじゃないの？と疑いたくなる人物が大きな顔をしているわ。これでよく戦えたな、と思わずにいられません。そしておそらく、この状況を作り出したのは、康政です。家康から意を含められて、せっせと宇喜多家の弱体化を推し進めたのではないでしょうか。

ちなみに、康政の相方を務めた大谷吉継は、関ヶ原で西軍として奮戦し、討ち死にした人物。でも、彼は本来、家康と親しかった。宇喜多騒動の前年、前田利家と家康が対立してあわや軍事衝突か、となったときは、吉継は家康陣営に与しています。関ヶ原合戦のきっかけとなる会津征伐にも従軍しようと出陣していた。これらを併せ考えると、吉継がギリギリの段階で、石田三成との友情ゆえに西軍入りを承諾した、という話は史実に近いのではないかと推測できます。

康政は関ヶ原の戦いにおいては、徳川家の主力、東山道軍の軍監の役割を担いました。徳川秀忠の補佐役ですね。ところが大将の秀忠は、康政の反対にもかかわらず信濃・上田城の真田昌幸を攻めてしまい、その結果、関ヶ原での決戦に遅参しました。

槍働きから出発して「武将」に

関ヶ原の大一番に参加できなかった。そのため徳川家が天下を取ったにもかかわらず、康政に加増の沙汰はなく、所領は館林10万石のままでした。このことから、「天下人になった家康はもう戦争はないから、と武功派を遠ざけた」、またそうした処置について「康政はたいそう憤慨していた」などといわれますが、ぼくは、これは違うのではないかな、と思っています。

繰り返しますが、康政は門閥、重臣の家の出身ではありません。康政自身の奮闘がまずあり、それが認められた。だから、立身できたのです。家康は、織田信長に学んだのでしょうか、才能のある人物を抜擢することで徳川家臣団を作り上げた。その好例が康政だったと思います。

また「才能のある人物」と書きましたが、才能の主軸は、やはり軍事と考えるべきでしょう。康政は先ずは槍働きで評価された。けれども、単なる武辺、では限界がある。多くの兵を統率するようになればなるほど、広い視野、洞察力、戦略眼が必要になる。これらはみな、政務を遂行するにも必要な能力ですから、優秀な軍事指揮官は、有能な行政官にもなり得るのです。康政がまさにこれ。家康の親衛隊の隊長から、徳川軍になくてはならぬ指揮官となった。「一介の武辺」から「武将」になったのです。

さらにもう一段、掘り下げてみましょう。いま「武将になった」と書きましたが、それには槍働きから出発する、武辺ルートしかないのでしょうか？　豊臣家においては、石田三成や長束正家など、槍を持って敵と対峙しては役に立ちそうもない、能吏タイプが幅をきかせていました。彼らは合戦になると、補給（ロジスティクス）の局面でがんばっていた。秀吉の軍事は、新しいのです。

ところがこの点に関しては徳川家は旧態依然としていて、武将になるには、個人的な武力が基本になっていたようです。もちろん時間が経過すると、知恵伊豆こと松平信綱のように、政治手腕のある譜代大名が昇進するルートができていきますが、家康の頃は槍働きで実績の無い武士は、軍勢を率いる立場になれない。

子孫は高田城主として維新を

これは言葉を換えるなら、多くの軍勢を養うための領地は与えられない、ということになります。家康のブレーンであった本多正信も、抜群の財政官僚であった松平正綱（信綱の養父）も、領地はわずかに2万石ほどだったのです。

こうしたことを考えると、関ヶ原の戦いの後、幕府の政治に参加できないからと、康政が不満たらたらだったというのは、考えにくいですね。当時の価値でいうと、広い領地（譜代大名中で、です）をしっかりと治め、いざ外様勢力が攻めてきたら拠点にこもって徳川の世を防衛する働きをする。それが譜代大名の第一の、誇りある職務なのです。康政は館林にいて、その責務を見事に果たしました。

慶長11年（1606年）5月、康政は病のため、館林で死去。59歳でした。長男の忠政は母方の大須賀家を継ぎ、次男は夭折していたため、三男の康勝が家督を継ぎました。子孫は姫路城主などを務め、越後・高田城主として明治維新を迎えています。

本書は『月刊テーミス』の連載「日本異人伝」をまとめ、加筆・再編集したものである。

[著者略歴] 本郷和人(ほんごう　かずと)
東京大学史料編纂所教授。
東京大学・同大学院で石井進氏、五味文彦氏に師事。
専門は、日本中世政治史、古文書学。

日本異人伝
アッと驚く武将の秘密

2024年9月10日　初版第1刷発

著　者　本郷和人
発行者　水田克治
発行所　株式会社テーミス
〒102-0082　東京都千代田区一番町13-15 一番町KGビル
電話　03-3222-6001 Fax　03-3222-6715
印　刷
製　本　シナノ印刷株式会社

ISBN978-4-901331-35-7